JN002330

しあわせの高齢者学

「古稀式」という試み

樋口恵子
秋山弘子
樋口範雄
武蔵野大学しあわせ研究所
編著

弘文堂

しあわせの高齢者学・目次

第1部　高齢者学総論……1

●編著者・執筆者紹介（執筆順）

秋山 弘子（あきやま ひろこ）＊編著者
東京大学名誉教授・東京大学高齢社会総合研究機構客員教授・東京大学未来ビジョン研究センター客員教授
一九四三年生まれ。イリノイ大学Ph.D、ミシガン大学社会科学総合研究所研究教授、東京大学大学院教授（社会心理学）、東京大学高齢社会総合研究機構特任教授、日本学術会議副会長などを歴任後に二〇二〇年から現職。老年学を専門とし、人生一〇〇年時代にふさわしい生き方と社会のあり方を追求。主著は『新老年学［第三版］』（東京大学出版会・二〇一〇年）など。

樋口 恵子（ひぐち けいこ）＊編著者
評論家・NPO法人高齢社会をよくする女性の会理事長・東京家政大学名誉教授
一九三二年東京都生まれ。東京大学文学部を卒業後、時事通信社、学習研究社、キヤノンなどを経て、評論活動に入る。主著は『老～い、どん！』（婦人之友社・二〇一九年）、『老いの福袋』（中央公論社・二〇二一年）、『90歳になっても、楽しく生きる』（大和書房・二〇二二年）など。

辻 哲夫（つじ てつお）
東京大学高齢社会総合研究機構客員研究員
一九七一年厚生省（当時）入省。老人福祉課長、国民健康保険課長、大臣官房審議官（医療保険、健康政策担当）、保険局長、厚生労働事務次官などを経て二〇〇九年東京大学高齢社会総合研究機構教授に就任。特任教授を経て現在は、同機構客員研究員ほか医療経済研究・社会保険福祉協会理事長、健康生きがい開発財団理事長など。専門分野は、社会保障政策・高齢者ケア政策。編著書として『日本の医療制度改革がめざすもの』（時事通信社・二〇〇八年）、『地域包括ケアのすすめ』（東京大学出版会・二〇一四年）、『超高齢社会日本のシナリオ』（時評社・二〇一五年）、『地域包括ケアのまちづくり』（東京大学出版会・二〇二〇年）など。

西 希代子（にし きよこ）
慶應義塾大学大学院法務研究科教授
東京大学法学部卒業。博士（法学）東京大学。上智大学法学部准教授（法科大学院兼担）等を経て、現職。専門分野は、民法。近著に「高齢者と財産」NBL一二二四号（二〇二二年）二七頁、「高齢者法からみた成年後見制度の意義」実践成年後見一〇〇号（二〇二二年）九〇頁、『新ハイブリッド民法五家族法』（共著・法律文化社・二〇二二年）など。

小此木 清（おこのぎ きよし）
弁護士法人龍馬代表弁護士
一九五五年生まれ。一九七七年中央大学法学部卒業、二〇〇一年武蔵野大学講師、二〇〇五年さいたま家庭裁判所家事調停官、二〇一二年日本臨床倫理学会評議員、二〇一五年日本成年後見法学会理事、二〇一六年群馬弁護士会会長、二〇二一年日本弁

護士連合会副会長。主著は『介護事故と安全管理』（日本医療企画・二〇一二年）、『超高齢社会におけるホームロイヤーマニュアル』（日本加除出版・二〇一五年）、『成年後見・民事信託の実践と利用促進』（日本加除出版・二〇二一年）。

飯島 勝矢（いいじま かつや）
東京大学高齢社会総合研究機構機構長・未来ビジョン研究センター教授
東京大学大学院医学系研究科加齢医学講座助手・同講師、米国スタンフォード大学医学部研究員を経て、二〇一六年より東京大学高齢社会総合研究機構教授、二〇二〇年より現職。内閣府「一億総活躍国民会議」有識者民間議員、厚生労働省「高齢者の保健事業と介護予防の一体的な実施に関する有識者会議」構成員など。近著に『東大が調べてわかった衰えない人の生活習慣』（KADOKAWA・二〇一八年）、『健康長寿 鍵は〝フレイル〟予防～自分でできる3つのツボ～』（クリエイツかもがわ・二〇一八年）、『在宅時代の落とし穴 今日からできるフレイル対策』（KADOKAWA・二〇二〇年）など。

菊地 悦子（きくち えつこ）
武蔵野大学看護学部看護学科教授
一九五九年生まれ。東京女子医科大学看護短期大学助手、埼玉県立大学看護学科講師を経て現職。共著として『認知症plus退院支援』（日本看護協会出版会・二〇一九年）、『回復期リハビリテーション病棟における看護実践』（医歯薬出版・二〇一九年）、『最新老年看護学［第四版］』（日本看護協会出版会・二〇二二年）。

笹井 肇（ささい はじめ）
（公財）武蔵野市福祉公社顧問・前武蔵野市副市長
一九五八年生まれ。一九八〇年武蔵野市役所入庁。一九九八年より介護保険準備室主査として介護保険導入に携わる。高齢者支援課長、防災安全部長、健康福祉部長などを経て、二〇一八年四月より二〇二二年三月まで副市長。同年五月より現職。共著として『地域包括ケア サクセスガイド』（メディカ出版・二〇一四年）、『改正介護保険の新しい総合事業のてびき』（第一法規・二〇一六年）。

谷口 佳充（たにぐち よしみつ）
不動産鑑定士・三井住友信託銀行理事・人生一〇〇年応援部長
一九六四年生まれ。大阪大学法学部卒業。信託銀行で信託・併営業務の商品開発を多数担う。人生一〇〇年応援部長として、信託の力で、長寿社会の課題を解決するための研究、商品開発を行う。共著として『信託改革 金融ビジネスはこう変わる』（日本経済新聞社・二〇〇五年）。

若宮 正子（わかみや まさこ）
NPOブロードバンドスクール協会理事
一九三五年生まれ。高校卒業後、定年まで三菱銀行（現・三菱UFJ銀行）へ勤務。主著は『老いてこそデジタルを。』（1万年堂出版・二〇一九年）、『独学のススメ』（中公新書ラクレ・二〇一九年）。

田邉 昌徳（たなべ まさのり）

武蔵野大学客員教授・農林中央金庫経営管理委員・SOMPOケア顧問

一九五二年大阪府生まれ。東京大学卒業、米コーネル大学院修士。日本銀行（信用機構局長など）を経て、預金保険機構理事長、アクサ生命・損害保険・IM会長を歴任。二〇一五年より武蔵野大学客員教授。二〇一九年より農林中央金庫経営管理員、SOMPOケア顧問。主著は『令和金融論講座』（武蔵野大学出版会・二〇一九年）など。

樋口 範雄（ひぐち のりお）＊編著者

武蔵野大学法学部特任教授・東京大学名誉教授

一九五一年新潟県生まれ。一九七四年東京大学法学部を卒業し、助手となる。一九七八年学習院大学法学部専任講師、助教授、教授、一九九二年東京大学大学院法学政治学研究科教授を経て、二〇一七年定年退職し、同年から現職。専門分野は、英米法。主著は『超高齢社会の法律、何が問題なのか』（朝日新聞出版・二〇一五年）、『アメリカ高齢者法』（弘文堂・二〇一九年）、『アメリカ家族法』（弘文堂・二〇二一年）、『アメリカ契約法［第三版］』（弘文堂・二〇二二年）など。

第1部

高齢者学総論

高齢者学とは

──高齢者学は、英語でgerontologyといいます。ギリシャ語でgeronは老人、そこから英語でgeronto（老人の）という言葉が生まれました。学問や研究を意味するlogyと合わせて、二〇世紀の初めに、gerontology（study of old man）という言葉になりました。日本では「老年学」と呼ばれましたが、本書では、「高齢者学」と呼ぶことにします。

ジェロントロジーの当初の中心的課題は、後の秋山さんのお話にもあるように、老化とは何か、老化を防いで寿命を延ばすにはどうしたらよいか、だったそうです。ところが、現在の高齢者学の課題は、相当程度寿命の延びた日本のような社会では、単に寿命が延びただけで満足するのではなく、**長期化した高齢時代をどう生きるか**、になりました。「**高齢期の生活の質(quality of life)**」をどう高めるかに焦点があてられるようになり、政府も勧める「健康寿命の延伸」に関心が向けられています。

高齢者学は学際的な学問であることを最大の特徴にしています。医学だけでは足りない、工学も社会学も心理学も、さらには経済学も法学も、その他の学問分野も一緒になって、高齢者学を追究する必要があります。

その目的は、「高齢期の生活の質（quality of life）」を高めることにあるのですが、それを言い換えて、アメリカのリンカーン大統領の有名な言葉になぞらえれば、（gerontology）of the elders, by the elders, and for the elders **（高齢者の、高齢者による、高齢者のための学問）**になります。高齢者学は、誰よりも高齢者が学ぶこと、高齢期を学ぶこと、そして高齢期をより良く生きるために学ぶことが重要です。しかも、教えるのも高齢者かもしれません。高齢者の中にも先輩がいて、例えば、本書で樋口恵子さんは、九〇歳の人生を踏まえて、古稀を迎えた七〇歳の後輩たちに激励のエールを送っています。

ただし、「高齢者の、高齢者による、高齢者のための」といってしまうと、高齢者学はまさに高齢者だけの学問になってしまいそうですが決してそうではありません。

実は、高齢者が直面する問題は、高齢者だけで解決できるものではなく、そもそも高齢者だけの問題ともいえないものが多いのです。**「高齢期の生活の質（quality of life）」を高めることは、社会全体の質、すべての人の暮らしやすさを改善することにつながります。**

さて、以上を前置きにして、まず日本のジェロントロジーの草分けのおひとりである秋山弘子さんの話を聞いてみましょう。

1 長寿社会に生きる

東京大学名誉教授・同大学高齢社会総合研究機構客員教授
同大学未来ビジョン研究センター客員教授
秋山弘子

秋山でございます。本日は私と専門分野は異なるものの、とても関心を持っておりますテーマのシンポジウムにお招きいただきまして誠にありがとうございます。樋口範雄先生には東大にいらした頃、もう一五年ほど前になりますが学際的な高齢社会総合研究機構を立ち上げましたときに、運営委員としてご参加いただき、非常にご活躍、ご尽力いただきました。その頃、私は半ば夢のように、「先生、法学部に高齢者法という授業科目ができるといいですね」と申したのを覚えております。そうしましたらなんとそれを実現していただいて、東大法学部の中にそういう授業ができたことと、そして本日、武蔵野大学はもとより、今年から慶應義塾大学においても、高齢者法の授業が開講されたということをお伺いして本当にうれしく思っております。

ジェロントロジーとは

本日は、「長寿社会に生きる」というテーマでお話をさせていただきます。最初にジェロントロジーという言葉はあまりお耳に届いてないかと思いますので、ごく簡単にジェロントロジーという学問の歴史と研究課題についてお話したいと思います。ジェロントロジーは日本では老年学とか加齢学と訳されております。私が所属しております東京大学の高齢社会総合研究機構の英語名称はInstitute of Gerontologyで通常ＩＯＧと呼ばれております。歴史はそれほど古くなく、本格的には二〇世紀に始まりました。

ごく短いバージョンでジェロントロジーについて説明いたしますと、長寿社会における個人の加齢と、社会の高齢化、すなわち、高齢者人口が増加するに伴いさまざまな課題が生じます。それを解決することを目的にしたもので、学際的にエイジングを科学する学問でございます。ジェロントロジーは私たちの日々の生活のあらゆる側面、そして社会の制度やシステム、そしてさまざまな産業と非常に密接な関係を持っている学問です。

簡単に歴史を申しますと、はじめは医学や生理学などバイオメディカルと呼ばれる分野における研究が主流で、その目指すところは、寿命をどこまで延ばすことができるかということでした。**生理的な老化の原因の解明**、例えばなぜ皮膚に皺ができるのか、髪の毛が白くなるのか、いろいろな器官の機能が低下するのか、そういう現象について明らかにする、原因の解明、そして当時は成人病と言われた生活習慣病の克服がジェロントロジーといいますか、生理学や老年医学の大きな課題でございました。

一九七〇年代になると先進国の人口構成が高齢化して、社会制度や経済、医療機構への影響が顕著になりますと、さまざまな分野の工学、それに加えて経済学や法学、社会学、心理学、福祉学などの社会科学系統の学問も参加して極めて**学際的な学問としてのジェロントロジー**が確立しました。一九八〇年代になり、先進国の平均寿命が七〇代後半になると、もともとの寿命をどこまで延ばすかという量の問題から、**長くなった高齢期の生活の質、クオリティー・オブ・ライフ（ＱＯＬ）**の研究に大きくジェロントロジーの研究課題がシフトしてまいりました。生きてはいるが寝たきりの人が増えた、定年後、何をしていいか分からなくて無為に時間を過ごしている人が目に付くようになりまして、ＱＯＬの追究に大きくシフトしました。その頃、**サクセスフル・エイジング**という理念がアメリカで提唱されました。このことについては後でお話しします。そうしますと医学や薬学だけではとても対応できず、医学、看護学、生物学、経済学、心理学、極めて学際的な学問としてのジェロントロジーが確立したという経緯がございます。

もし、ジェロントロジーにご関心がございましたら、手前みそになりますが、私どもの機構が編集した『東大がつくった高齢社会の教科書』（東京大学出版会・二〇一三年）という、初歩的ですが、専門性も備えた教科書がございます。はじめに総論、次に個人の加齢に伴ういろいろな課題、それに対する解決策をこのような章立てで記述しております。続いて、社会の高齢化に伴う課題について、それぞれ各分野の専門家が、何が課題であり、現在、研究のフロントはどこにあるかということも記述しておりますので、ご覧いただきたいと思います。

長寿社会の課題

以上が非常に簡単なジェロントロジーのご紹介です。私は常々高齢社会ではなく長寿社会と呼んでいますが、人が長く生きる社会、**長寿社会の課題として三つ、個人の課題、社会の課題、産業界の課題がある**と申しております。人生一〇〇年を自ら設計して、舵取りをして生きる時代になっています。それが個人の課題。非常に多様な人生設計が可能になりましたが、これは簡単ではないわけですね。本日はこの課題について少しお話をさせていただきます。二番目は社会の課題です。現在の社会のインフラは住宅や移動手段のようなハードも社会制度のようなソフトも入れて、人生が五〇年、六〇年時代にできた社会インフラです。それを人生一〇〇年と言われる時代のニーズに対応するインフラに見直してつくり直していくのが社会の課題です。三番目が産業界の課題です。日本は世界の最長寿国、長寿社会のフロントランナーです。前にモデルがないので私たちが解決していかなくてはなりません。イノベーションが必要です。人口の高齢化はグローバルですので、よいモノやサービス、システムをつくってうまく解決すれば、市場は非常に大きい。従いまして、長寿社会対応の産業を日本の基幹産業の一つに育て上げることが産業界の課題だと思っております。

個人の課題──生き方の多様化

本日は先ほど申しましたように、長寿社会に生きるということで、私たち個人の課題に焦点を当ててお話をさせていただきたいと思います。私は法学部出身ではございません。専門は社会心理学で、一貫して生活者の目線から人生一〇〇年時代の新たな生き方、そして社会の在り方をテーマとして研究を進めてまいりました。後で、厚労省の行政官として長年急速に高齢化する日本における社会保障制度や、医療や介護の制度設計を牽引していらした辻哲夫先生が本題をお話しになりますので、本日は私の研究テーマでもあります、**高齢者の就労**という課題にしぼってお話をさせていただきたいと思います。前座を務めさせていただきます。**今や人生一〇〇年を自ら設計して生きる時代**になりました。これは、私がよく講演などでご紹介する彫刻ですが、通常、銅像は亡くなってから誰か他の人が彫りますが、これは自ら石を刻んで自分の体を形作っている。まさに人生一〇〇年時代を生きる私たちはこういう時代に入っていると実感します。

私が若い頃は、女性の生き方として、二五歳までには結婚して子どもを産んで、主婦として家庭を切り回す、男性の人生コースも決まっており、そこからはみ出さないように生きていくのがまともな人間でした。したがって三〇歳になっても結婚していないとか、三年で転職すると、何か本人に欠陥があるというふうにみなされた。

ところが、今や、ご存知のように、いつ結婚するか、いつ子どもを産むか、産まないとか、就職しても転職するのは本人の決めることであり、一人一人が自ら人生を設計して舵取りをしながら生きる、自分の能力をフルに発揮して生きる。うまくいかなければ軌道修正がいつでもできる時代になってきました。人生一〇〇年あれば多様な人生設計ができます。例えば、私が若い頃には人生で仕事は一つと思っていましたが、これからは人生二毛作でもいけるし、最近は副業も広く認められるようになり、仕事を同時に二つとか三つ持つプルーラル・キャリアも本人の設計次第という時代になってまいりました。数年前にベストセラーになった『ライフ・シフト』（東洋経済新聞社・二〇一六年）は、そのような時代背景において人々の心に響いたと思います。

サクセスフル・エイジング

先ほどご紹介しました**サクセスフル・エイジング**という理念ですが、一九八七年、今から三五年前に、「サイエンス」という雑誌にアメリカの老年医学者と社会学者が共著でサクセスフル・エイジングという理念を提案しました。それまでは人が長く生きるということが目標になっていましたが、うまく年をとる、サクセスフルな年のとり方に焦点がしぼられています。すなわち、生活の質（ＱＯＬ）の維持と向上です。その要件が三つあるといいます。病気や障害のリスクが低いこと、高い身体や認知機能を維持していること、そしてもう一つが人生への積極的な関与、エンゲージメントですね。社会とつながって役割を持って生きること、この三つがそろったときにサクセスフル・エイジングが可能になると提唱しました。

この二ページの論文が非常に大きな反響を呼びまして、マッカーサー財団が数十億円の研究費を助成して、欧米のさまざまな大学や研究機関で、いかにしてサクセスフル・エイジングをするかという学際的な研究がなされました。一〇年間の成果を非常に分かりやすく解説した本が出版されました。『サクセスフル・エイジング』（アルク・二〇二一年）、いかにしてうまく年をとるか、科学的なエビデンスに基づきながらも大変分かりやすく書かれています。中学校を卒業していれば読めると言われました。ベストセラーになった本です。若い人から高齢者まで読まれて国民的な運動を起こした本です。この本には多くの興味深いことが書かれていますが、その一つが、サクセスフル・エイジングの**遺伝子によって規定されている部分は二五％で、残りの七五％はその人の生活習慣によって決まる**ということです。

また、私が学生のころに学んだ発達曲線と呼ばれる図によると、人の能力はこのような曲線をたどるとありました。縦軸が能力で横軸が年齢です。歩く、話す、計算するとか、いろいろな能力があります。生まれたときは何もできませんが、生後急速に発達して二〇歳ぐらいにピークを迎え、それからだんだん落ちてくると教科書に書かれていました。しかし、サクセスフル・エイジングの研究から明らかになったことは、高齢になっても伸び続ける能力もあれば、低下はせず、そのままの状態を維持する能力とか、いろいろな発達曲線があるということです。

申し上げたいことは**高齢期の可能性です。人間の能力の変化は多次元で多方向である。**多次元とは、能力によって発達曲線は異なります。多方向とは、例えば六〇歳を例にとると、短期記憶能力のように低下している能力もあるし、言語能力や日常生活の問題解決能力のように高齢になっても伸び続ける能力もあることが分かりました。したがって人生の各段階で持っている能力を最大限に活用して生きることが大切なのですね。

それからもう一つの研究データをご紹介します。通常の歩行スピードは老化の簡便な指標として国際的に認められています。年齢層ごとに比較しますと、どの年齢層も年々伸びています。特に七五歳以上の女性の伸びは著しいですね。**速く歩けるということは元気だということ**です。このように私たちは長生きするだけではなく、元気で長生きをするようになっていることは確実で、これは歩行スピードだけではなく、握力などの他の身体機能、また認知能力が落ち始める年齢も少し遅くなっているという報告もあります。このようなデータに基づいて、六五歳以上という高齢者の定義は現実にそぐわないという意見がございまして、二〇一七年に日本老年学会と日本老年医学会が共同で**高齢者の定義を七五歳からという提案**をしました。日本でも反響を呼びましたが、国際的にも、さすが世界最長寿国の日本からの提案だと注目を浴びました。

高齢者に関する全国調査

ここで、ごく簡単に、私が三十数年従事しております全国の高齢者のパネル調査をご紹介します。約六、〇〇〇人に、基本的に三年ごとに、健康と経済と社会関係に関する同じ質問をする追跡調査研究です。全国の住民基本台帳から六〇歳以上の回答者を無作為に六、〇〇〇人抽出して、三年ごとに訪問面接調査を行ってきました。昨年、一〇回目の調査をいたしました。その中で、生活の自立度、ADL（Activities of Daily Living：日常生活動作）とIADL（Instrumental Activities of Daily Living：手段的日常生活動作）をご存知の方も多いかと思いますが、図にあるように日常生活で誰でも行うような動作が杖のような道具や人の助けを借りないで一人でできるかどうかを調査したものです。そのデータを基にして、生活自立度の変化パターン、横軸が年齢で、縦軸が自立度です。一番上の三点は十分一人暮らしができる、先ほどのような動作をすべて一人でできると答えた人ですね。

六、〇〇〇人を追跡調査するとこういう線が六、〇〇〇本描けます。加齢に伴う自立度の変化を見ると、日本の男性の場合、三つのパターンが見られました。約一割強の方は八〇、九〇歳になってもお元気。注目していただきたいのは、七割の男性シニアは七〇代半ばから少しずつ自立を失っていきます。女性の場合は、実に九割近い女性が七〇代のはじめあたりまでは元気ですが、

自立度の変化パターンー全国高齢者20年の追跡調査ー

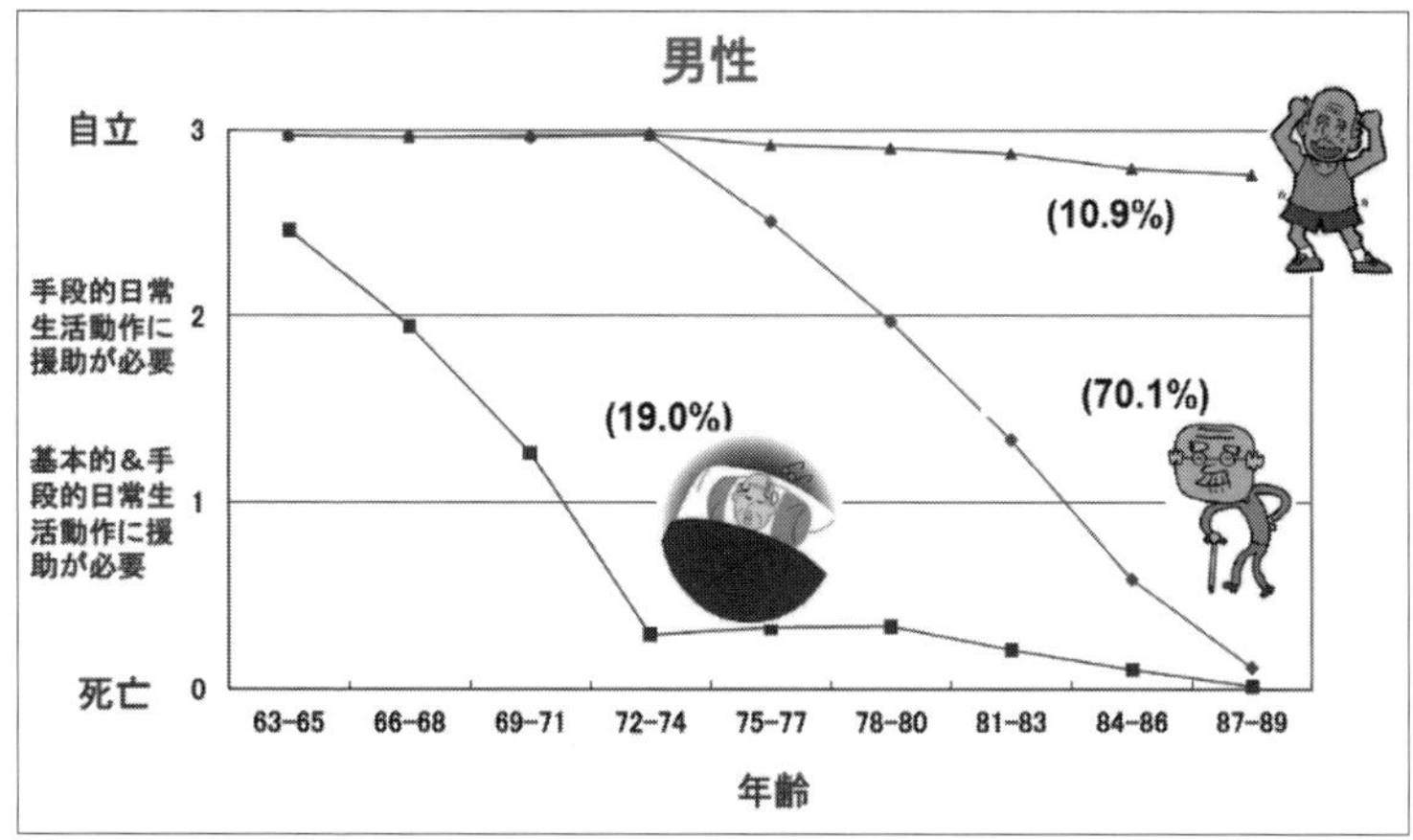

出典）秋山弘子　長寿時代の科学と社会の構想『科学』（岩波書店・2010）

自立度の変化パターンー全国高齢者20年の追跡調査ー

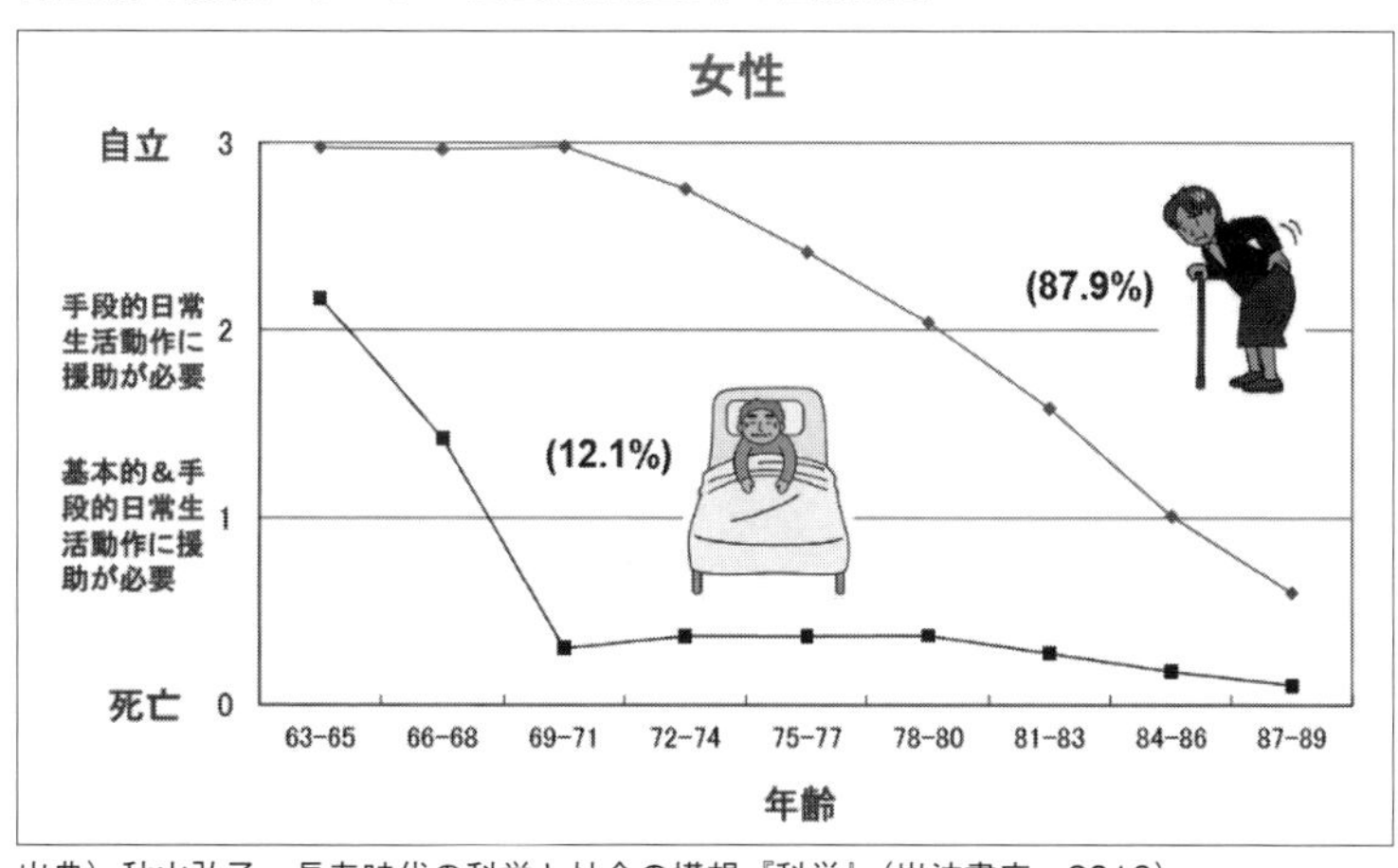

出典）秋山弘子　長寿時代の科学と社会の構想『科学』（岩波書店・2010）

このあたりから男性よりももっと緩やかに衰えて支援が必要になってくることが分かりました。

次に、初回調査のときに元気だった人が、一五年後にどうなったかということを調べました。男性の場合、亡くなっている方が半分ぐらいですね。四分の一が一五年先もお元気、六分の一くらいが多少障害を持ちながら生きていることが分かりました。それで、一五年後の健康度と関連する要因は何かを知りたくて分析をしました。もちろん、初年度の健康状態や喫煙などが関係することはすでに分かっていますので、社会的な要因に絞った結果だけ申しますと、一五年後の健康と強く関連するのは、**男性の場合、初回の調査のときに、仕事以外に団体やグループへ参加して活動していたかどうか**ということでした。自治会でも趣味のグループでも何でもいいです。**女性の場合は精神的な自立**ですね。初回のときに、自分で判断して行動していた人が一五年後に健康でいたという結果でした。したがって、特に男性は社会的につながっていることに留意が必要です。

一方、こちらでは同居家族以外との対面接触についても訊いています。一週間に一回未満の人の割合を一九八七年と九九年と二〇一二年で比較しますと、男性の場合は一週間に一回未満の人が増えています。女性の場合は減っている。ここから男性の社会的なつながりが年々希薄化していることが分かります。

さて、日本では人生五〇年六〇年と言われた時代が織田信長の頃から二〇世紀半ばまで続きました。二〇世紀後半に急速に平均寿命が延びて、今や人生一〇〇年と言われる時代になり、人生が倍になりました。人生五〇年時代には定年後は余生と言われていましたが、団塊の世代あたりから定年はセカンド・ライフのスタートラインだと考える人が増えてきました。

四、五年前にプレシニア、五〇歳から六四歳の人を対象にして全国調査を行いました。あなたが六五歳になったら、その後どういう生活をしたいか訊ねました。一番多かったのは働くことでした。フルタイムの仕事を続けたいということでは必ずしもなくて、**何らかの形で仕事を続けたい**。二番目が**自分を磨く、すなわち学ぶこと**でした。したがって、これからのシニアはリタイアしたら盆栽の手入れをして、将棋をさして、お迎えを待つと考えている人は少数派で、できれば現役でいたい、と。そして、新しいことを学ぶことに関心があることが分かりました。

一方で人口動態を見ますと、高齢者、特に後期高齢者が実数においても割合においても増えており、総人口は減少している。そうすると、社会全体の支え合いの構造は見直しが必要になってきます。一九六五年には胴上げ状態だったのが、騎馬戦になり、もうすぐ肩車になります。下手すると上のほうが重い重量挙げになると懸念されています。これはどうにかしなくてはいけない。これは先進国共通の問題で、欧米では外国から若い労働者を入れることで解決していますが、やがて全ての国が高齢化して人口減少に入りますので、究極の解決策にはなりません。

日本の場合、まず女性が働いていないことと、高齢者が元気で、そして前世代より教育を受けています。しかも日本の宝だと思いますが、自分はできれば支えられる側よりも支える側にいたい、現役でいたいと願っている人が非常に多い。そのような状況も踏まえて、昨年、七〇歳までの就労機会の確保を企業の努力義務とする法案が施行されました。そうすると先ほどの支え合いの構造は変わってきます。

こちらは厚生労働省の報告書にある図ですが、県別に高齢者の就労率と一人当たりの医療費の関係をみますと、緩やかな相関があると。長野県のように、高齢者の就労率が高いところは医療費が低いですね。因果関係は分かりませんが、**高齢者が働くということと健康は何らかの関係があること**は分かります。二〇〇五年のOECDの報告書のタイトルは「Live longer, Work longer」でした。すなわち、これは日本だけではなく世界の潮流です。

高齢者にとっての就労の意義

時間がないので少しスキップしますが、私どもが千葉県の柏市で行っている長寿社会のまちづくりの中に**セカンド・ライフの就労プロジェクト**がございます。長寿社会にはいろいろな課題がありますが、それぞれの課題にチームをつくって取り組んでいます。私が関心を持ったのは、全員参加で生涯参加社会ということで、セカンド・ライフの就労です。フィールドである千葉県柏市は典型的なベッドタウンです。長年東京に通勤された方が定年で突如、柏で二四時間を過ごすことになります。みなさんお元気でいろいろなスキルや知識を持ちながらも何をしていいか分からなくて、家でテレビを見て、時々、犬と散歩に行くような生活をしている方が多く見られました。

その方たちにヒアリングをしますと、何かしたいけれどどこで何をしていいか分からない、名刺がないので外に出にくい、人との付き合いはおっくう。まちにはボランティアや生涯学習の機会はあるが、働く場があったら一番出やすいというのです。今までの生活の延長ですね。そこで、まちに仕事場をなるべくたくさんつくろう、歩いて行ける、自転車で行ける距離になるべく仕事場をたくさんつくろうと取り組みました。なるべく地域の事業者を雇い主にして高齢者の働き場をつくりました。

もう一つはセカンド・ライフの新しい働き方の開発です。高齢者はマラソンの後半戦と同じで非常にばらつきが大きいです。体力、自由になる時間、経済状態、価値観やライフスタイルも違いますので、みんなが無理のない形で働けるような**柔軟な働き方の開発**に取り組みました。就労セミナーを受講後に学童保育や農業など地元で無理のない範囲で働きます。それは個人にとっても社会にとってもメリットがあります。そういうことで、これも一つの事例となって、厚生労働省で生涯現役促進地域連携事業が法案化されて国会で可決、予算がついて、現在、八〇ぐらいの自治体でこういった活動が進んでおります。

今、私の最大の関心は**貢献寿命の延伸**です。ご存知のように、働き方が変化しています。メンバーシップ型からジョブ型へ、兼業や副業の規制緩和、ヨーロッパでは在宅勤務が標準になって、在宅勤務権の法制化が進んでいると聞いています。それによって在宅勤務が生む大都市から地方への人口移動もすでに見られます。働き方は柔軟、多様となり、毎朝九時までに職場へ行って夕方まで働いて帰るのではなく、定年後でも、それ以前のいつからでも、起業、テレワーク、ワーカーズ・コレクティブ、モザイク就労などさまざまな働き方ができるようになるでしょう。

柏市で事業所に行って、高齢者を雇ってくださいとお願いしたときに言われるのが生産性と安全性と柔軟性が懸念ということでした。それらを解決するために、**高齢者にも優しい就労環境の整備**をしていく、そのときにテクノロジーが多くの不可能を可能にします。重労働だった農業や工事現場の仕事も、今はロボットを使うことで楽になりました。軽労化技術が発達しており、介護や農業、北国の雪かきなど腰に負担がかかる作業を簡便なデバイスで軽労化することが可能になりました。テクノロジーを駆使して高齢者に優しい就労環境の整備をさらに進めていく必要があります。

先ほど、「**モザイク就労**」と申しましたが、高齢者だけではなくて、障害者、子育て中の若い方で時間的に制約がある方、さまざまな強みとか弱み、制約を持っている人たちをうまく組み合わせて、有能な一人の労働者をつくるというのがモザイク就労です。これをアプリでマッチングして実現するGBER（ジーバー）というデバイスを東大の先端研の檜山敦先生が開発されています。仕事内容、スケジュール、場所などの仕事に関する情報と、ワーカーのスキル、興味、スケジュールなどを入力し、うまくマッチングしてモザイク就労を実現します。

こうすると、シニアと知的障害者がよい組み合わせになることがあります。若くて働けるけれども、子育てで時間の制約がある方もモザイクによって自由になる時間を有効に使って、いろいろな仕事の可能性がでてきます。将来はＡＩによるマッチング・システムの開発を目指しています。といいますのは、仕事のほうもタスクレベルまで切り分けますし、人材のほうも非常に多様なので、人によるマッチングでは間に合いません。

高齢者の就労の促進には、年金制度の改革、職場におけるバリア除去が必要です。エイジズムの克服もその範疇です。どこまで法制度化できるでしょうか。また、エンプロイアビリティーの強化、高齢者自身が常に雇用される能力を磨いていく必要があります。私は法学については門外漢ですが、全員参加で生涯参加社会を実現するためには雇用や教育の法制度の見直しが必要になると思っております。

貢献寿命の延伸

長生きすること、寿命の延伸は秦の始皇帝の頃から人類の夢でした。二〇世紀後半になって、先進国の平均寿命が八〇歳に近づいたとき、寿命は延びたが寝たきりや障害をもって生きる人が増えたということで、健康寿命の延伸が言われるようになりました。健康寿命と平均寿命の間にはまだギャップがあり、健康寿命の延伸は、これからも進めていかなくてはなりません。ただ、健康で生きていればそれでよいかということです。次の私たちの目標は、元気で、社会とつながって、そして役割をもって生きるという、Engaged Life Expectancy の延伸です。私はもっとよい日本語訳がないかと思っていますが、一応、貢献寿命としています。**貢献寿命の延伸**、これを次の目標として、世界最長寿国の日本から発信していく必要があると思っています。私のお話ししたいことは以上でございます。どうもご清聴ありがとうございました。

——秋山さんからは、三〇年以上の調査結果を基に、高齢者が健康に生きていくためには、元気に働き続けること、そうでなくとも社会に関わり続けることが大事だということ、それが健康寿命や貢献寿命の延伸につながり、本人だけでなく周囲にも社会にも有益だという話、そしてそれが実際の実践活動によっても裏付けられるという話がありました。次に、それを実践してきた先達のお一人であり、二〇二一年に九〇歳を迎えてなお意気盛んな樋口恵子さんに話していただきます。実は、この部分は、二〇二二年九月に武蔵野大学で行われた「古稀式」の集いの基調講演です。古稀を祝うだけではなく、さまざまな学びのきっかけにしようという試みで、地元の高齢者の方に集まっていただきました。笑いと拍手の講演でした。

三

人生一〇〇年、超高齢社会における学びの再発見
——後期高齢者の社会参加

評論家・NPO法人高齢社会をよくする女性の会理事長
東京家政大学名誉教授
樋口恵子

九〇年の人生と第二の義務教育

皆さま、こんにちは。コロナ禍でお出になりにくいところを、こんな大勢おいでくださいましてありがとうございます。

私は、実は、もう**この一〇年以上、人生第二の義務教育が必要だと言い続けてきたんです。**私のはささやかな声でございますが、それでも私の知る限りですが、政策に乗りかけたこともあるんですよ。文部科学省が二〇人ほどの学識経験者、行政の方とか市長さんとか、そういう方々を集め、私もその一人でした。ちょうど今から一〇年前でございます、二〇一二年の三月、これからの高齢者の学習について、有識者を集めて一年ほど会議をやりました。そして、こういうレポートを出しました。所管は文部科学省でございます。「長寿社会における生涯学習の在り方について」、サブタイトルが、役所の懇談会にしてはくだけていまして、「人生一〇〇年、いくつになっ

ても学ぶ幸せ高齢社会」。これは、学びということと、憲法にも保障されている幸福追求の個人の権利、能力を伸ばし、新しい知識を身に付け、社会の変化に対応し、人生一〇〇年、生まれてから死ぬまで、自らの意思をもって幸福を追求するということを強調した報告書でした。そのことがしっかり入ったレポートになり、私が口癖にしていた、「このような学びの機会は人生第二の義務教育のつもりで、全国的に制度として広げてほしい」ということが、ほんの一言だけ私の言葉も入っております。

私は、自分を含めた高齢者たちが、ふと気が付いたらまるで人生の違った風景の中に置かれていたと感ずるようになりました。幸い、私たちはおかげさまで、安全に選挙が行われる法治国家の一員でございますから、いちいち政権が代わったから引っ張られやしないかなんて思わずに済む、民主主義の社会に生きておりますけれど、でも、私、この間、九〇歳になっちゃったんですよ。（二〇二二年）五月四日に。卒寿というんですね、驚きましたね。私は結核を病みまして、中学一年、二年はほとんど、自宅で、寝たきりの静養生活でございました。私は勝ち気なものですから、学年が遅れる、一年落第するなんていうことは死ぬほどつらかったんですけれど。

でも、すごいですね、戦後の医学の発達は。その私がけろけろとして九〇歳ですよ。その前に重い腎臓炎をやっておりましたが、何はともあれ子どもを一人産みまして、九〇歳まで達してしまいました。「ご感想は？」と言われたら、こうして周りの人々に恵まれて、ここで九〇歳を迎えることができて、一緒に生きているということだけで、ただ感謝の気持ち、全部プラスになって返ってくる気がします。一句詠むなら、「われ米寿生きてるだけで丸もうけ」と言ったら、品が悪いと叱られました。本当にそういう気持ちでございまして、九〇歳を迎えることができました。エリザベス女王にはもうちょっと頑張って一〇〇歳まで生きていただきたかったんですけれど、でも、そういう長寿の時代に生まれ合わせることができて、なんと幸せなことか。

平和が長寿の基本条件

今、世界ではきなくさい臭いが立ち込めておりますけれど、はっきり言って、私は長寿社会を支持し、より幸せな長寿社会のために、残る人生、何日あるかは分かりませんけれど、尽くしていきたいと思っております。それは、**長寿というのは基本的に平和の所産**だからでございます。平和でなかったら、人は長生きできません。平和でなかったら、食べ物は庶民のほうまで回ってまいりません。平和のおかげで、私は栄養失調からも立ち直り、十分な治療を受けることができました。行き届いた医療を受けることができました。

今、日本が世界一の長寿国であるというのは、何はともあれ、日本は議会制民主主義が保たれ、そして、平和の守られている国であって、私の長寿も、そうした国民皆さまからいただいた、言ってみれば平和の所産である長寿のたまものと思いますと、ますますその方向に、私も努力してまいりたい。そして、平和の中で長寿を迎えるということが、ほとんどの人にとって幸せの根本であります。武蔵野大学のしあわせ研究所のテーマもまさにそこで、平和構築、幸せ構築、そして、人々が平等に幸せ構築のためにどう努力すればいいかということを学び合うことができる。これからの大学とか教育機関の重要な仕事だと思います。

第二の義務教育の意味

かなり前から、私は人生一〇〇年時代の新しい学習社会を、特に中年期以降に人生二度目の義務教育をと言ってきました。この義務教育というのを誤解しないでください。私は、「勉強なんか、俺、嫌いだよ」と言っている年寄りをつかまえて、どこかに集めて強制的に勉強させようと言っているんじゃございません。この義務は、政府とか大学とか、教育行政にリーダーシップをもっている機関がゆるやかな制度として発展させていく。国とか自治体とか、そういうところの義務ではないかと思うのです。

私たちを取り囲む学びの風景が大きく変わっております。ここで言う義務教育は、むしろ国の義務、政府の義務、自治体の義務、あるいは、もしかしたら大学が担っている社会的責任もそこにあるのではないか。ふと気が付いたら、私はもちろんでございますが、もっとお若い方も含めて、皆さまの身辺を取り巻く政策とか行政的手続きとか、この社会システムの中での生き方が時代とともに変わっています。

今、超高齢社会を迎える

今日はそこまでお話できるかどうかわかりませんけれど、今、日本の高齢者が置かれている立場というのは、人口構造から見ると、世界で一番、六五歳以上の高齢者比率が高い国でございます。コロナの影響もあってか、平均寿命が、男女ともごくわずかに下がりましたけれど、ここ何十年、まずは世界で平均寿命の長いベスト三に入っている国の一つでございます。

一九四五年の敗戦と同時に占領政策として、女性の地位が最初に変わったのは「政治的権利」でした。日本女性は翌年四月の総選挙に参加しています。教育の男女差別も迅速に改正され、ほとんどの高等教育が女性に開放されました。中学では女子は家庭科、男子は技術科という性別分業意識が教育行政にあらわれたのは、占領が終わった昭和三〇年代からのことです。日本の公私ともの経済発展のおかげで、男子に遅れながらも女子の大学進学率が順調に高まったとき、一部の大学教授から「女子学生亡国論」（一九六二年）と批判されました。

学制は変わっても女子学生の就職難は少しも改善されませんでした。男女別の定年制（男性は五五歳、女性は三五歳。あるいは女性は結婚時など）を定める職場は、ひところは全産業の四割近くを占めていました。女性が結婚しても子どもを持っても働ける仕事は、公務員とか教員とかごく限られた職種でした。私もこの時代に大学へ進み、仕事では志を遂げられなかった女の一人です。ジャーナリスト志望でしたから、新聞社、出版社をみんな受けて失敗したならあきらめもつくのですけれど、ほとんどすべての求人票が「女子を除く」で受験の機会すらありませんでした。愚痴を言わせていただくと**私たちは就職の入り口第一歩から門前払いされ、さらに職場には「結婚退職制」「出産退職制」「女子若年定年制」があるのはザラでした。憲法二七条には「すべて国民は勤労の権利を有し義務を負う」と明記されているのですけれど。**この権利がすべての女性に適用されるようになったのは、一九八五年、国連の女性差別撤廃条約を批准するため男女雇用機会均等法が成立して以降のことで、まだ四〇年未満の歴史しかありません。その間の中高年女性の就労の歴史や実態を知るだけでもずいぶん後半生の生き方に役立つでしょう。男性はなぜ女性に対する暴力が法律で禁止されたのか理解できるでしょう。**学びはよりよく、より快適に生きるための必需品です。**

これはもうちょっと大きい声で言いたいんですけれど、なんとしても、少なくとも経済的理由で進学できない若い世代がいなくなるように。そして、経済的理由で肩身の狭い人がいなくなるように。東京都で葛飾区が始めたようでございますけれど、学校給食を食べるときに肩身の狭い思いをしている小中学生、せめて給食ぐらい無料にしてくれていいと思うんですけど、皆さま、いかがでございましょうか。(拍手)

食べるということは基本でございますよ。それやこれや含めまして思いますことは、やっぱり学びということをもう一度、人生二度目の義務教育と位置付け直して、本日のこうした集会を含めて、人生一〇〇年を学ぶ、人生一〇〇年を幸せに生き、人生一〇〇年というのは、昔の一生の二倍あるわけですから、自分たちで能力を開発し、幸せということはいろんな意味があると思いますけれど、親兄弟が生きているということも幸せの条件かもしれないけれど、個人として幸せなことは、やっぱり自分が持って生まれた能力を開発し、その能力を発揮することで、この世の中の不幸せが一つでも減り、この世の中の幸せが一つでも増えること、それが普遍的に見た場合の幸せではないかと思っております。

特に、われわれは法律制度の中で生きております。つくづく、この頃になって思いますことは、人生、そのときになってみないと分からない、その年になってみないと分からないことがたくさんあるということでございます。少し、私の愚痴話を聞いてやって下さい。

高齢期の現実——ヨタヘロ期

私は八五歳を過ぎる頃から、老いるってこんなことだったのと、ちょっと約束が違うじゃないかと。うちは父も、その頃の人としては八〇近くまで長生きいたしましたし、割に長寿の家系で、長生きしているんですよ。私が「もうちょっと、これ、きちんとやってよ」とか、そんなことを言ったときに、ちょっと口げんかになると何度も言われました。「**あなたもこの年になってみないと分かんないよ**」というせりふが言われまして、今は、私、親に申し訳なかったなと痛感しております。私は、今、よたよたと出てまいりました。自ら「よたへろ」と呼んでおります。歩けます。何百メートルかの距離ならば、つえを突きながら歩くことはできます。しかし、よたへろしているんですよ。

私の友人で、高齢社会をよくする女性の会の広島代表の春日キスヨさんという方が『百まで生きる覚悟』（光文社新書・二〇一八年）という本を書いておりまして、その中でこう言っておりました。「みんなぴんぴんころりを願いすぎる」と。彼女はずっと高齢者問題の研究をして、松山の大学の先生をしていた方です。今は、定年で退職しましたけれど、要するに、ぴんぴんころりなんていうのは、実際は難しい。ぴんぴんころりってエリザベス女王様ですよ。本当に、うらやましいというか、模範というか、ああいう方もいらっしゃいますけれど、みんなぴんぴんころりを願いすぎるというのです。春日さんの周辺を見ていると、皆さん、何が大事かとおっしゃると、七〇代では仕事と友達が大事とおっしゃる。七〇、八〇で、ささやかであろうと、人さまのお役に立てて、若干の収入が得られる仕事がある人は、お友達がいて、人間関係があって、若干の収入があれば、これが幸せとおっしゃるけれど、それからしばらくすると、よたよたへろへろ、そして、どたり、寝たきりという状況がかなり続く、というのが来るんですって。

ここでどたりと倒れて、それから、人によりけりだけれど、短かければ数カ月、長ければ年単位の寝たきりに近い状況があって、そういう方がそうなる前に得意になって二階に自分の居場所をつくるんですって。「こうやって階段を上がったり下りたりするから、足腰も鍛えられて、元気で老いられるのよ」なんて言った人が、どたりと倒れたら、二階はその日から物置と化していく。

春日さんに、ぴんぴんころり専門家として、それが実現できる人がどのぐらいいると思いますか、と質問してみました。大体見ていて、倒れてから半年以内に亡くなる方を**ぴんぴんころり**と呼ぶならば、**五人に一人**でしょうかねというお答えでした。だとすると、よたへろになってから、五人に一人ぐらいが割とスムーズに逝ける方で、人によっては年単位の寝たり起きたり、あるいは、人に世話をしてもらうという時期を過ごさなければならない。

そりゃ大変だというので、私は、にわか勉強でありますが、ここ一、二年、急によたへろの研究者、いや実践者になっているわけでございます。いろいろ見てきますと、この**よたへろ期**というものに、政府ももっと注目してほしいと思うのですけれど、実はこの十年ほど政府なりに警告を発し、いろんな情報を発信してくれております。それは何かと申しますと、ここ十年、政府は、平均寿命というのと同時に健康寿命というのを発表しております。**健康寿命**というのを知っていらした方はどのぐらいいらっしゃいますか。さすが、武蔵野大学のしあわせ研究所の催しにいらっしゃる方だけあって、半分以上の方がお手をお挙げくださいました。

でも、私の知っているかなりの権威の先生方でも、「平均寿命と、特に健康寿命の出し方を教えてください」と申し上げると、うっと詰まる方は結構多いです。でも、これからどんどん広がっていくと思います。平均寿命と申しますのは、毎年発表されておりますように、その年に生まれた人（0歳児）の平均余命です。これが日本は男も女も世界一、二を争っておりますが、健康寿命というのは、厚労省の注釈によりますと、平均寿命というものから健康寿命を引き算しないといけないんです。

健康寿命というのは、国民生活基礎調査でしたか、何か調査があるんです。その調査で問診するわけですね、健診に来た六五歳以上の人を。特に、生活者としての自立、トイレに行けるかとか、お風呂へ入れるかとか、そういうような簡単な問診をいたしまして、その問診の結果で、全部○なら自立していて健康とされるようです。そこから健康寿命が分かります。健康寿命の定義は厚労省がもっと責任をもってＰＲしてください。

今、どこの政党も絶対に反対しないだろうと思われる政策が一つございます。それは、政府がこのところ何かと口にしておられますけれど、**健康寿命の延伸**ということです。息をして生存しているだけだったら平均寿命の話なんです。そうではなくて、自立して行動でき、例えば、トイレに行けるかとか、食事という行為が一人でできるかとか、近い所の外出に一人で行けるかとか、そういう五つ、六つの問診で合格した人を健康寿命というのだとしたら、その定義と調査方法を教えてください。

この頃は健康寿命と平均寿命と、政府は両方発表しています。そうすると、特に今日は女性の方もたくさんいらしてくださっていますけれど、私は女だから、特に気に掛かっております。平均寿命は、ご承知のとおり、このところずっと女のほうが五、六歳長いです。ですから、高齢者問題というのは、ある意味でジェンダーの問題でもあるのです。

高齢社会の問題は特に女性の問題でもある

というのは、六五歳ぐらいまでは男女比であまり変わりません。そのぐらいまでは男も女も健康に生きますから。ですから、六五歳以上の男女の人口比は、ざっと申し上げて、六対四と言って大体正しいと思います。六五歳以上の高齢者、いわゆる平たく言ったときの高齢者人口の男女比は六対四です。ただし、私は通り過ぎましたけれど、七五歳以上を後期高齢者といいますね。医療制度が変わります。七五歳以上を後期高齢者といって、新しい医療制度に入り、二〇二二年一〇月から、年金が少し余計にある方は、保険料の引かれ方がちょっと多くなると思いますけれど、七五歳以上が後期高齢者医療制度に入りまして、そこから、特に八五歳以上になると、また保険料率が、いずれいろいろ検討されることになってくると思います。**八五歳以上になると、男**

女比がどうなるかというと、女対男が二対一になります。ですから八五歳を過ぎますと、おばあさんはおじいさんの二倍いるんです。

今日は、詳しくお話はしていられませんけれど、日本の年金制度は、厚生年金、共済年金はじめ、外へ出て働いていた人を中心としてつくられてまいりました。国民基礎年金満額をもらっても六、七万円という、全ての国民が入ることを前提とした年金制度はございますけれど、それは本当に満額もらっても一〇万円足らずという金額でございまして、大抵の方が頼りにしていらっしゃるのは就労者年金、つまり、厚生年金ならびに共済年金だろうと思います。

ところが、働いた場で積み立てておく就労者年金が一番有利なのに、さっき申し上げましたように、男は五五歳まで働けるのに、女は三五歳で定年なこと、あるいは、募集するとき、女は募集しませんとかいう時代が結構長く続いたのです。ですから、私は「**貧乏ばあさん防止作戦**」と呼んでいるんですけれど、これから高齢社会というのは、もちろん、男性も一緒に味わう社会ではあるけれど、平均寿命六歳の差がものを言って、六五歳以上だと男対女は六対四だけれど、八五歳以上になると女二対男一になる。一〇〇歳を超えますと、男対女の人口比は男一対女一〇になります。

そして、**一人暮らしのおばあさん、一人暮らしも圧倒的に女性が多い**。これはある程度しょうがないですね。女の人は長生きですし、この頃は変わってきましたけれど、少し前、夫は妻より三歳から五、六歳年上が当たり前でした。平均寿命の違い、プラスそうした結婚年齢の差というのがありましたから、男の人と女の人の家族関係を調べますと、八五歳を過ぎますと、夫のいる人が半分以下になります。男の人っていいなと思うのは、いえ、仲が良ければの話ですよ、いいなというのは。仲が悪いと地獄かもしれないけれど。男の方は、八五歳を過ぎても奥さまが生きていらっしゃる方が半分ぐらいいらっしゃいます。ところが、女の人は、こういう平均寿命の差と死亡率の高さ、そういうことが重なりまして、八〇代後半になると一人生き残る、シングル・アゲインが多い。

これも話のついでですから一言申し上げますけれど、どうぞ、おばあさんならびにおばあさん候補者の方、お食事をきちんと召し上がってくださいませね。これもまた、国民全体の調査がございますけれど、国民健康・栄養調査というのがございまして、男と女、年を取ってからの栄養調査、調べてみますと、**女性の八五歳以上から栄養状況ががくんと悪くなる**んです。思い当たることがあるので、申し上げておきます。

私は七〇代で連れ合いを亡くしまして。そして、見かけによらず、他の家事は掃除も洗濯もまるで駄目なんですけど、料理だけは割にこまめにちょこちょこ作る人だったんですね。ところが、引っ越しをしたりということがあったものですから。家の建て替え、引っ越しなんかしたことが大きかったかもしれませんけれど、そこら辺で急に料理が嫌になりました。そもそも調理器具の収納場所が引越しで変わっちゃった。

それで、本当に重度の貧血ということで、これはきっと消化器系の、急激に進む重篤な悪性新生物に違いないと言われて、覚悟を決めて全身の調査をいたしましたら、なんのことはない、極度の栄養失調、貧血でございました。年を取っているから、ちょっと食べないとがくっといっちゃうわけですね。作る気になれば、食べるものに回すぐらいのお金はあるんですよ。中流型栄養失調と名付けました。そして、気を付けて食べるようになったら、あっという間に血液の値も良くなりまして、どうやらもう少し生きられそうになってきております。

女性は調理のスキルがあるから簡単なんです。男の方も、見よう見まねで、ちょっと足が悪くなって寝ていらっしゃる奥さまの指示を受けながらで結構でございますから、召し上がるものをちゃんと召し上がっていただくということが、年を取ってきて、健康に大きな意味があると思いました。

ところが、**日本の教育は、人生五〇年の教育しかずっとしてこなかった**。だから、例えば、家庭科の男女共修、男も女も家庭科を学べというのは、当然です。これじゃまだ片手落ちです。

今、デジタル社会だといって、パソコンが少しもできないと世の中に置いていかれるんじゃないかと、私も恐怖の中を生きておりますけれど。私は自分が苦手ですから、パソコンのできる人、デジタルに達者な人ばっかりでものを決めないでよね。デジタルの苦手な人もたくさんいるということ、特に女の人は、あの思春期の何でも学びやすい中学三年間、男は技術科、女は家庭科と分けられて、男性たちがてこの原理とか、電気というものはいかにして生まれたかとか、そんなことを実験したりして学んでいる間、浴衣を縫わされたりしていたわけです。これも別に無駄になるとは思っておりませんけれど、しかし、女は主婦になるからといって、**長いこと日本に残った性別役割分業**といいましょうか、**人生一〇〇年時代こそ、ジェンダー平等な、男性・女性平等な教育**を受けなければならないと思います。これも一九八五年、女性差別撤廃条約で、中学・高校における教科の男女平等化が、おかげさまでようやく国会を通り、批准することができました。

デジタル化＝学びも平等に

今、四〇歳以下ぐらいの方は、皆さん、両方できますよ。だけど、五〇、六〇、七〇、八〇、九〇なんて人はみんな、男は技術科、女は家庭科で学んだ人ですから、今の、これから中高年と言われる女の人は技術を学ばないできた人ですから、私がこれからの政策にお願いしたいのは、政府もみんなに学んでもらいたいと思っているに違いありませんから、男の人だって、苦手な人はいくらでもいますから、苦手な女に合わせておけば、苦手な男の人も救われます。こうして、日本国民がデジタルの趨勢から置き去りにされないような政策を、ぜひ進めてほしい。そのときに、われわれ女もだけれど、「苦手な男の人も忘れないで教えてあげてよね」ということが言える女性であってほしいと思っております。

高齢者の学びの必要性——知らないことを知る、頼れる仕組み・人を知る

とにかく、なんで第二の義務教育が必要か、一つが今言ったことです。日本に根強く残る性別役割分業的な、だって、赤ん坊におもちゃをあげるときだって、女の子はお人形、男の子は電気機関車なんて分かれちゃっていますよね。この辺りはそんなに神経質にならなくても、保育園やそういう所で、集団保育の中でジェンダーを越える教育がされていくからいいだろうと思うんですけれど、大事な知識とか法律制度は、今のお年寄りがお年寄りになっちゃってからできているんですよ。

介護保険制度ができたのは二〇〇〇年ですよ。ただ今、二〇二二年でございます。ということは、介護保険ができたときに六五歳を超えている人が、今のお年寄りの大半だというわけですね。ですから、ケースワーカーとかケア・マネージャーとかが驚くんですけれど、**介護保険は、申請しなければ誰も見にきてくれないということを知らないお年寄り**が結構いるんです。六〇歳を越えたら、郵便局も大事だけれど、金融機関も大事だけれど、まず、区報か何かで調べて、最寄りの地域包括支援センターがどこにあるか調べてください。そこへ行って、「今はまだ元気で、頼もうとも思わないけれど、夫が少し弱ってきたので、そういうとき、ここへ来ればいいんですか、

電話だけでいいですか、持ってこなきゃならないものはなんですか、健康保険証と介護保険証と、そういうものが必要なんですか」とか。

六五歳を過ぎたら、地域の中の**地域包括支援センター**、大きい特養とか施設には大抵併設されていますし、偶然、市役所や区役所の出張所が近ければ、大抵そこでいいはずですけれど、年を取ったら、絶対介護保険の活用。それから、一遍、少しはしごしてもいいですよ、近くのお医者さんを何軒か訪ねて、親切に相談に乗ってくれそうな人を探す。これは、今、医師会と厚労省が、まだ意見が一致しないで困っているようですけれど、本当に死ぬに死ねないですね、簡単に。私の知り合いで、二年ほど前なんですけど、在宅中に一人で亡くなった方がいます。自立していてさわやかな生き方の女性でした。上野千鶴子先生によれば、「お一人さまが一人で死んで何が悪い」。おっしゃるとおりですね。ところが、それにもやはり人手が必要です。

私もこの間、危うくそういうことになりかけました。体の弱り方が、八五歳を過ぎて引っ越しをしたり、貧血になったりしたら、本当に弱り方が違うのです。この間、転んで倒れました。どういうときに倒れると思います？　どういうときに転ぶと思います？

九〇歳前は、私も皆さまと同じように、転ぶときは石にけつまずいて転んだ、ちょっと駆け出して不注意になったので転んだ、転ぶ原因が非常にはっきりしていたのであります。そして、転べば、照れくさそうに周りを見回しながら、皆さん、親切ですから、抱き起こしてくださる方もいらっしゃるし、「恐れ入ります」とかなんとか言いながら、すぐ立ち上がることができました。つい先だっての九〇歳の転びはどうだったと思いますか。何にもしていなくて転んだんです。**段差につまずいて転ぶのが八〇代、黙って立っていると転ぶのが九〇歳**。ですから、本当によく言われますけれど、恋に溺れるのが一八歳、風呂で溺れるのが八一歳、本当に何にもしていなくても転ぶ。どうかするとそれが原因で死にます。

考えてみると、**私たちが学んだことは全部過去の常識**になっているんです。今は立っているだけで転ぶんです。だから、どうするか。玄関は引き戸に、建て替えのときにしておきました。だから、鍵さえ開ければ、玄関を開けて外へ出ることができます。お隣さんととても仲良くしています。私より一〇歳か二〇歳若い方ですけど、アメリカで長いこと生活した方で、「助けて」と言ったときの助け方が、ボランティア慣れしていますね。そういう方のお隣になれて、本当に良かったと思います。

この間は、そうやって倒れたときも、そこへ、とにかく連絡をつけたおかげで、三〇分以内に私の第一助手とシルバー人材センターで仕事をお願いしている方。シルバー人材センターというのは地域自治体が主催、管轄ですから、杉並区の人しか来ません。ですから、二人が来てくれました、もう一人の助手が来て、なんと東京都内に住んで、家族一人もいない、昼間一人の中で倒れたにもかかわらず、三〇分以内に、四人の最も近しい頼りにできる人が集まった。遠くの親戚より近くの他人ということを心から痛感いたしました。

というわけで、昼間、お嫁さんとけんかしたときなんか、「心配してもらわないでいいわよ」、なにか気に障ったら、「あなたのお世話にはなりませんからね」、このせりふは絶対言っちゃいけません。けんかして気まずいときほど、「私はあなたがたのお世話になって死にたいと思っておりますから……。死にたいと願っておりますから、どうぞよろしくお願いします」と言ってください。**人間は人間の世話にならなければ、死亡診断書一つ書いてもらえない、提出できないのです**。なかなか葬式も出せないのです。どうぞ、水と空気と太陽と、そして、私たちを取り巻く法律制度などについて、きちんと学び、そして、この学びの場を開いてくださった武蔵野大学のような、こうした学習機関に敬意を表し、死ぬまで学び、死ぬまで幸せにと申し上げて終わりたいと思います。時間延長して申し訳ありません。ご清聴ありがとうございました。

――日本で高齢社会対策基本法が制定されたのは一九九五年、二〇〇〇年には介護保険制度や成年後見制度が始まるなど、超高齢社会に備える制度作りが行われました。その一翼を担ったのが、次に登場する辻哲夫さんです。辻さんは、厚労省事務のトップを務めたひとですが、自ら高齢者になった現在、その制度作りが十分でなかったのではないかと考え、現在の状況に強い危機感を持っておられます。その思いを聞いてみましょう。

超高齢社会での喫緊の課題

東京大学高齢社会総合研究機構客員研究員
(兼)未来ビジョン研究センター客員研究員(元厚労省次官)
辻　哲夫

辻でございます。秋山先生からお話がありましたように、私は高齢社会総合研究機構に参加しています。厚労省で役人をやっていたんですが、その後、大学の教員をやらせていただけるということで秋山先生に呼んでいただきました。現在、東大では高齢者ケアを中心にさまざまな課題解決を目指していろいろなことをやっております。特に、これが今日のポイントなんですけれども、高齢者ケアをやっておりますと法律との接点というのが出てまいりまして、これがとても大きな問題だということに気が付きました。本来、高齢社会はいかにあるべきかというのは、これは秋山先生がお話しになったことが本筋でございます。まず秋山先生がお話しになったことをやらなくちゃいけないんですが、私は、特に認知症という問題、ここに焦点を当てて今日お話をさせていただきます。

超高齢社会の到来

人口ピラミッド図は、昔は土台が子ども世代だったのが、国民の平均寿命が延びる一方で出生人口が減るということで、最近は、たる型と言われておりますけれども、高齢者が土台になる逆ピラミッド型にそれが変わろうとしています。**世界史的に全く経験したことがない社会**に確実に日本は向かっております。ちょうど二〇四〇年頃は逆ピラミッド型への転換期でして、今われわれはその二〇四〇年に向かっている、具体的には、八五歳以上人口がこれから二〇四〇年に向けまして、一、〇〇〇万人になる。まさしくこの大転換の胸突き八丁がこれから二〇四〇年までの時期なんですね。

高齢社会を支える社会保障制度と新たな課題

私は社会保障制度の企画運営に携わってきましたので、簡単に社会保障システムの今の評価を申し上げます。これは、**社会保険システム、皆が強制加入で、保険料を納めて、それで財源のプールをつくって、年を取って年金が要るとか、病気になったら医療費が要るというときに一定の給付を保険の原則によって出すという仕組み**、これが主柱となってわが国の制度は構築されてまいりました。厚労省の仕事はこのファイナンスをどうするか、私が就職して前半はもうこの仕事ばかりでした。基本的には、制度体系はほぼ完成です。これについては結論だけ言います。基本的には社会保険制度は保険料がメインなんですけども、高齢期の給付と低所得者の多い国民健康保険は、保険料財源は半分ぐらいにして半分は公費を入れるという形で完成しました。

したがって、後期高齢者医療、国民健康保険および介護保険の制度は、仕組みとしてこのような形で出来上がりました。それから、年金も制度はほぼ完成いたしました。しかも保険料水準を厚生年金であれば労使合わせて一八・三％で打ち止めにしまして、これ以上、負担を増やさないということになりました。将来年金がもらえないと簡単に若い人は言いますけど、そんなことはありません。わが国家がつぶれない限り、年金は必ず出ます。ただ、今の予想よりも生まれる子どもが減れば、あるいは寿命が延びすぎれば、もらう給付が減る、割が悪くなりますけども、もらえないというのは間違いですから、このような制度が完成しているということを申し上げたいと思います。しかしながら、問題は医療と介護の保険料負担の引き上げと公費財源の確保なんですね。日本の社会保障給付費というのは対ＧＤＰ比率で見ますと、二〇一三年のデータで見るとすでに高齢化率がかなり進んでいますけれども、欧米諸国に比べればかなり抑えてきております。

これがどうなるかなんですが、年金は、先ほど述べたようにその負担はもう上がらない仕組みです。医療と介護が上がります。上がりますが、対ＧＤＰ比で見れば二〇四〇年に向けて保険料と公費負担がおおむね一割程度負担が増えると運営できるのです。結局、問題は公費財源です。

増税ができるかどうかがポイントでございます。したがって、今後の在り方というのは制度論の時代は終わりまして、あえて言います。**税財源の負担引き上げ**がいかにできるかということと、それから秋山先生がおっしゃったように、**いかに元気な状態での寿命を延ばすか**、あるいは貢献寿命に持っていくかということがテーマです。それからもう一つは、社会保障に関しては医療介護の従事者が不足する。そこで従事者不足に対してテクノロジーでどうカバーするか。こういうふうに今までは制度をいかに作るかで必死だったんですけども、**われわれの生き方の中身をどう変えるのか。それからテクノロジーをどうするのか、そういうような方向に社会保障のテーマは動いてきております**。そうなりますと、社会保障制度のことよりも、われわれの生き方や医療や介護の中身をどう考えていくかということにテーマは動いていっております。それで、秋山先生の貴重な調査データについて、もう一度確認しますと、秋山先生から説明がありましたが、自立度が急速にレベルダウンをしている男女の線、これは脳卒中といったような生活習慣病を中心にした病気が原因なんですね。今、この予防を徹底的にやっておりまして、メタボ対策というものです。これをやれば、基本的には自立度が緩やかに下がっていく線、これをわれわれは**フレイル**と呼んでおります。正確にいうと、健常な状態から自立度が落ち始めて要介護、このレベル一より下が要介護なんですけど、要介護に至るまでの過程のレベルダウンをフレイルと呼んでおります。急速に自立度が落ちる人が減っていけば、ほぼみんなフレイルになるわけです。

人間である以上、最後は亡くなりますので、最後はゼロに落ちるのは致し方ないんですけど、この緩やかに落ちる線を横へ出してフレイルを予防していく。つまり衰えるのを延ばすということが可能だということが分かってきたわけですね。それでは、**フレイルをいかに予防するか**、年を取ったらしっかり食べる。特にタンパク質。それから、動く。そして何よりも社会参加が大事だということが分かってきております。しかし人間である以上、最後はフレイルとなって弱って死ぬということは避けられません。この過程で認知症というものが出てくるんですね。避けられないこの問題について、今日はお話をさせていただきたいと思います。

認知症人口の増加と地域包括ケアシステム

十数年前、二〇二五年は認知症が約三〇〇万人と想定されておりました。実は、今、七〇〇万人というふうに大幅に修正されております。**認知症の人口が大幅に増える**。それからもう一つ非常に大きなわが国の課題は高齢者世帯が二〇二五年段階でも、一人暮らしが四割近く、夫婦だけが三割強という予測なんですね。夫婦も最後は一人暮らしになります。子どもとの同居というのはたった三割なんですね。将来もっと減るんじゃないでしょうか。こういう中で、われわれはどう生きていったらいいんでしょう。

それで認知症の有病率なんですが、八五歳から九〇歳で四割、九〇歳から九五歳で六割、九五歳以上は八割。要するに、これから八五歳以上まで生き延びるのは普通になるわけです。そういう中で、**MCI（mild cognitive impairment）**と言うのですけれど、認知症の手前の軽度の症状、MCI、それを入れるともっと多くなります。長生きすると認知症を誰もが経験する蓋然性が極めて高いと。こういう社会になるということをまず申し上げたいと思います。

医療介護システムの費用の負担の問題もさることながらサービスの中身が問題だということをさきほど申し上げましたが、これをどうするのかということなんですね。これにつきましては、医療サイドとしては、日本は欧米に比べて病床はずいぶん多いんですけれども、大きなポイントは、例えば脳外科手術をするとか、心臓外科手術をするとかいう高度急性期の病床というのは、地域によっては過不足がある。だからコロナの重症患者になかなか対応できていなかった。つまり、肺炎とか、骨折とかによる入院への対応の一般急性期の病院と、慢性期というんですけれど、急性期の後の病気が簡単に治らないという状態の病院ですね。これらの部分は多すぎる。一方、これから不足するのは回復期、つまり急性期の治療をした後、リハビリをする病院です。このように、四つに分けて、**高度急性期、一般急性期、回復期、慢性期の病床**をきちっと地域の需要に応じて見直していく。これを**地域医療構想**といいますが、それを進めようとしています。

一方、高齢期は、いずれ多くの方は慢性期患者になりますので、病院で対応したら、きりがないんですね。したがって、それは在宅の対応が必要になります。在宅といっても、医療から見れば有料老人ホームといった生活の場である施設も在宅です。ここへの**訪問診療と訪問看護**をするというシステムに変えていこうということです。こういう改革を、今、進めようとしております。そうなると、地域における医療看護・介護の訪問システムが非常に重要になりますので、**地域包括ケアシステム**というものが極めて重要になる。これは二〇一四年に法律で地域包括ケアシステムが定義されました。高齢者は可能な限り住み慣れた地域でその有する能力において自立した日常生活を営むことを目指そうという考え方です。そして介護予防、特にフレイル予防をする。それから住まいおよび自立した日常生活の支援、これは生活支援と呼んでおりますけれどこの生活支援、こういうものは地域で自助・互助を基本に確保されることが大事で、それを目指そうということです。病院はもっと機能をクリアにして、重点化して、一方において地域包括ケアシステムをきっちりと整備するという、こういう方向ですね。

介護と連携した医療の総合的なシステムについては、まず、広域の二次医療圏単位に高度機能病院、先ほど説明した高度急性期病院があります。脳卒中で倒れたらヘリコプターで運ばれて、脳外科手術をする。こういう病院は人口二〇〜三〇万人に対して一つでいいんですね。次に、市町村単位の一般急性期や回復期の地域型の病院が重要でして、高度急性期の病院で治療が終わったら地域に戻して例えば回復期のリハビリ病院でリハビリをして在宅へ返すということです。しかもこの市町村の中でも、中学校区とか、日常生活圏単位が重要になります。一般急性期病院か

【図】地域包括ケアシステム

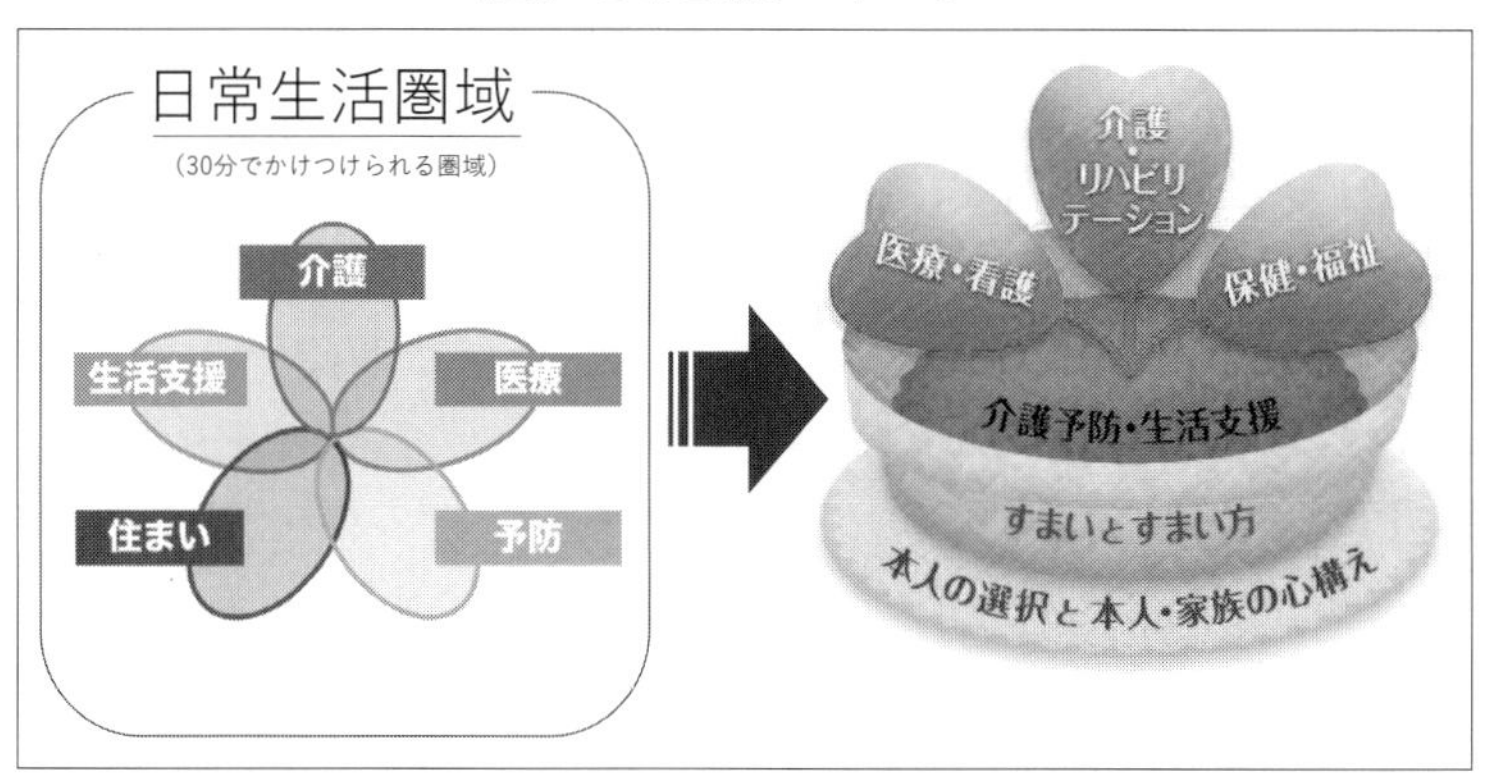

出典：三菱UFJリサーチ＆コンサルティング「<地域包括ケア研究会>地域包括ケアシステムと地域マネジメント」（地域包括ケアシステム構築に向けた制度及びサービスのあり方に関する研究事業）、平成27年度厚生労働省老人保健健康増進等事業、2016年

らの退院を含めてこの圏域にある在宅へ返すためにはクリニックの訪問医療と訪問看護とか訪問介護とか、こういうものが日常生活圏単位に配置されないといけない。これをすることによって高度急性期病院もより重点化してやりやすくなって、コロナにももちろん対応しやすくなるし、一方において人々も在宅に戻れるようになる。言ってみればこういう方向を、今、必死で模索しているんですね。これが今の私が申し上げたい、いわば日本の医療・介護システムの方向でございます。

生活支援・自助・互助

この地域包括ケアというのは、かなり革命的でして、われわれの考えを大転換する思想でございます【図】。今、言いましたように、中学校区単位ぐらいの日常生活圏域に、医療や介護は、行ったり帰ったりする。その大前提として、繰り返し強調しますが、フレイル予防と生活支援の仕組みが大事だということなんです。右側の鉢植えの図というので説明しておりまして、この上の葉っぱは、医療や介護の専門サービスです。これに介護保険や医療保険による財源からかなり膨大なお金を入れて、このサービス・システムをつくろうとしています。

しかし、みんなが長くお世話になる人たちばかりだと持ちきれないわけで、もっと手前の仕組みが大事ですよね。手前の一番下の皿に、「本人の選択と本人・家族の心構え」と書いてありますが、要するに**当事者本人の生き方の心構えがまず大切**です、それからきちんと住まいで生活し続けようとする住まい方。そして、介護予防、特に今言ったフレイル予防です。**栄養、運動、社会参加をしっかりして弱らないようにしよう**。

それから、実は生活支援、ここが問題なんです。この葉の部分は共助・公助つまり介護保険や医療保険や税金で対応します。この生活支援というのが、いわば見守りとか、ごみ捨てとか、買い物とか、いろいろな困り事の相談とか。これらは介護保険給付では対象になりません。自助・互助の世界です。今後は一人暮らし世帯がとても増えますので、この生活支援をどうするかというのは大変大きな問題だということが、今日、申し上げたいことなんです。生活支援の分野は、基本的には、自分で責任を持ってやる。家族を含めて。そして地域で助け合う。この部分が、実は社会保険の給付対象ではないんですね。ここが非常に大きな問題になります。この自助というのは、自らのことは自分でする。健康管理する。フレイル予防をする。それから必要だったら、市場サービスの購入をする。そして地域で助け合う。

この地域の生活支援、つまり助け合いについては、**生活支援体制整備事業**という仕組みを厚生労働省が導入をいたしまして、これは、私は政策の大ヒットだと言っております。厚生労働省はそれほどとは思っていないかもしれないんですが、私から見るとすごく重要でして、日常生活圏、通常は中学校区単位で、昔は地区運動会をやっていた圏域です。そういう単位でみんなが、自治会が基礎単位になって、地域の困り事をどうするかという話し合いの場を設けるという、これからの地方自治にとってものすごく大きな動きです。生活支援体制整備事業は、この話し合いの場、つまり協議体を日常生活圏単位でつくるということで、この中には、自治会や社協や助け合い組織は当然として事業所というものが入っているんです。助け合いというと、近隣の助け合いとか、NPO法人とか、民生委員さんとかというのがよく出てくるんですけど、これからは民間事業者も加わる、これは地域の生活支援をする上でとても重要です。もちろん弁護士等の士業の人たちも事業所です。この事業主体というものが地域の助け合いの中へどう加わってくるかが非常に重要になってまいります。

それで、まず申し上げたいことは、介護保険給付としていろいろなサービスが出てくるという手前の状態。ここで何が大事かというと、**自己決定**ということなんです。それで、介護保険法一条、「これらの者」というのは要介護者です。これらの人が「尊厳を保持」する。そしてできる限り、弱いなりにも自立を維持するように給付を行うと言っているわけですね。そして、二条三項で、ここがポイントなんです。この「被保険者の選択に基づ」いて、サービスは本人が、本人の尊厳を保持して、本人が幸せになるために、本人が選択をしていろいろなサービスを利用しなさいと言っているわけですね。われわれは一生懸命、老後は自分のしたい生活が選択できるように年金の保障をするために制度改革をやってきました。そして医療サービスが使えるように、介護サービスが使えるように、そのためのファイナンスの仕組みを用意してきました。それは、**本人が幸せになるように本人の選択によって、本人の尊厳を大事にする**ためにやったことなんですね。一方、生活支援はどうなっているんだということが問題なんです。自助・互助が基本の生活支援サービスというのは、調理や買い物、洗濯、見守り、安否確認、外出支援、社会参加活動、相談など日常的な困り事への多様なサービスを地域住民や事業者がやるということなんです。この相談というのがポイントなんです。

私はそれには、資産の運用や処分や相続、それから終活、こういうとても**デリケートだけど重要な相談**ができなければ、生活支援はなかなか成り立たないと思うんですね。公的なシステムには、例えば地域包括支援センターとか、福祉事務所とかがあります。地域の自治会の互助もあります。しかし、例えば、自分は有料老人ホームに行きたい、できたら本当に地域で、在宅で過ごしたい。そのために、自分のお金をどうしたらいいんだろう。それから資産というものを、これからどう活用したらいいんだろうと思っても、年を取って、全部自分だけでぽんぽん解決できない。では、隣の人にそれを相談できますか。隣の人はおそらく普通は見守って、心配だったらどこかに連絡して差し上げるぐらいですよ。個々のプライバシーについて、普通は隣の人はコミットしませんよね。誰がそれをこれからやっていくかという問題なんですね。これはとても重要なことでございます。

今後、超高齢化がいかに急速に進行するかということにつき日本人の死亡件数の将来を通して述べます。現在の高齢者の増加に対応して死亡者が急速に増え続け二〇四〇年を過ぎると年間約一七〇万人がピークになるんですが、その三分の二程度が八五歳以上で亡くなる、つまり大変多くの方が八五歳以上まで生き一〇〇歳を目指す時代になる。そういう時代にこれから急速に変わる。一方において、今、言いましたように八五歳、ないしは九〇歳以上というと、かなりの人が認知症なわけです。こういう現実が目の前に来ている。恥ずかしながら私がこの問題の重要性に気づいたのは、私が東大にお世話になってからのことです。要するに、行政が直接介入できない、個人の自己決定ということをいかに適正にできるようにするのかという大きな問題があるということで、元行政従事者として、私なりの問題提起をしたいと思います。

認知症と自己決定のありかた

認知症になると、基本的には、**法律行為ができなくなる**わけです。できなくなるということについて、例えば、有料老人ホームに入りたいと思った場合、普通なら入りたいときに契約するとかお金を調達しますよね。でも、それができないわけです。現場でもいろいろ問題が起きていて、二〇一六年の高齢者住宅経営者連絡協議会の報告書はとても興味深いです。現場も困っている。具体的にはこの報告書の事例のところにありますように、有料老人ホームに入っている九割の方は家族が身元引受人となって、身元引受人保証して代筆しているんですね。本人が決定していないんです。

あるいは、**身寄りのない人**の葬式はどうするのか。その他もろもろ、認知症の人については本当に誰が責任を持つのか。いろんな問題があるのです。今申しましたが有料老人ホームの入所手続きは通常は子どもたち、家族がやるわけですが、事後に長男が勝手なことをしていたことが分かってトラブルが起こるとか。あるいは身寄りのない方については、葬儀をどうするかを含めて、関係者、特に行政関係者は困ってしまう。その反面で、死後の葬儀のお手伝いとか、身元保証しましょう、ちょっとお金を出していただいたら、家族の代わりに身元保証しましょうというような団体が出てきていますけど、その団体の不明朗な会計が社会問題になっている。こういう問題ですね。

そういう中で、社会福祉協議会の事業や東京都の公的な事業などがありますけど、ほんの一部しか使われていません。成年後見制度が基本的には最も大事な制度なんですけれども、これは認知症が発症してからしか用いられないということで、逆に言うと非常に使いにくいんですね。そして成年後見人の仕事というのは、民法八五八条にありますように、一つは財産の管理なんですが、通常、身上監護と言われるそうですが、住居の確保、生活環境の整備、施設への入所の手続きや契約、こういうことを誰かがやらなければいけないわけですよね。

成年後見は認知症になってからやっと後見人を選ぶわけです。それがわずかしか使われてないとなると、身上監護に相当することを子どもさんがやっているのは一番いいんですが、トラブルになることもある。あるいは一人暮らしの人はそんな人もいない場合がある。どうするんだという話ですよね。

高齢者の資産管理についても同じような問題が起こっております。基本的には、住宅資産、不動産資産は退職世代のほうが現役世代よりもたくさん持っている。退職者の資産の六割ぐらいが住宅資産ですし、それから、家計金融資産全体の三分の二も六〇歳以上が持っている。高齢者に資産がずいぶんシフトしているわけです。これについて、認知症になれば、子どもでさえ勝手に処分できませんので、これは本人が資産の管理もできなければ、子どもだって手が付けられないうちに**住宅資産がぼろぼろになる**。この場合、地域社会だって、住宅がぼろぼろになったら困る。こういう問題があるわけです。事例としては、**空き家問題**です。これからは、われわれは年を取ってかなりの高齢で亡くなりますので、子どもたちはもう自分の家を持っているわけです。つまり、親が認知症で施設に入ったら家は子どもたちも手を付けられない。荷物もいっぱい置いたままになっている。施設に入って平均二年以上、在所するのが普通です。その期間、家はいじれない、ぼろぼろになる。そうしたら地域も空き家だらけになって草ぼうぼうになったら地価も落ちる。地域自体の資産価値も落ちてくる。本人も子どもも地域も困る。こういう問題が生じているわけです。

二〇四〇年段階では全都道府県で毎年マイナス一%からマイナス八%人口が減るんです。すさまじいことが起こります。多くの地域が空き家だらけになる。例えば、とてもきれいな郊外団地の例なんですけれども、団地ができたときは、親も子どももいる。ところが、この団地は子どもたちがどんどん出て行って、高齢者だけが残るんです。今はまだいいですよ。この高齢者がどんどん施設に入り始めたら、**一挙に空き家だらけ**になって地域は劣化していく。こういうことが日本の大都市圏であっちもこっちも起こります。

今私たちが東大で共同研究している大手不動産関係企業との営みなんですが、施設に入所するほど認知症が悪くなる前にあらかじめ計画して、弱ったら地域内のシェアハウスに移り住むことにし、自分の財産を例えばリフォームして飲食店にして貸すとか、若い人に貸すとか売るとかすれば、資産が活用でき、地域の資産価値も落ちない。このように自分の家はきちんと改造して人に貸し利用料とかで資産価値を生み出すような手当をすれば、その家に帰ってくる予定のない子どもたちにとっても都合がいいわけです。地域もいいわけです。こういうことをやろうという研究をしています。

しかし、今の多くの地域の現実は、多分、本人が認知症になってからではそんな相談はできませんから。そんなことがいっぱい起こっているということです。

さらに、金融資産についても問題があります。認知行動学によれば、年を取ると自信過剰になるんだそうです。何でも「よし分かった」とか言って投資して損して資産が減っているということが言われていまして、金融資産だって危ないものなんですね。結論から言うと、要するにみんな最後は認知症になるリスクが非常に高い中で、認知症になったことを想定して、事前に子どもとの相談を含めて、きちんと話し合って準備するという慣行がわれわれにないんです。それからもう一つはそれに加えて相談に応える適切な民間相談部門がない、あるいはどこにあるのか分からない。委任契約とか、信託契約など、日本はかなり幅がある対応が可能になっているにもかかわらず、十分、活用・工夫がされていないんじゃないかという問題があります。

意識変革と民間分野による対応の重要性

行政技術者としての私の考えは、これから私を含めて団塊の世代が二〇四〇年に向けてものすごい大集団として高齢化しますので、われわれの意識変革と民間分野の対応が不可欠だということです。私は**成年後見制度**というのは非常に大切な制度だと思います。しかし、二〇二五年に認知症は七〇〇万人と言われているのに、令和二年度に成年後見制度を使っているのは二三万人ですよ。それから**日常生活支援事業**、これは判断能力が落ちてはきているものの、まだ自分で判断できるという人の社会福祉協議会の支援制度ですが、利用者は六万人ですよ。片や、近々認知症は七〇〇万人、将来は一、〇〇〇万人とも言われている。それは、公的な制度だけに頼らない仕組みにしないと駄目ではないかということで、基本的には**自己決定の尊重**という理念の再確認が必要です。現在の日本国憲法の下では、民法で例えば家父長権というものもなくなった。要するに、全部個人が、個人として意思決定する、個人の尊厳の保持が大事だという憲法の下の民法で、自分が年を取って、自分も子どもも社会も困らないように準備をするという取り組みをしなくちゃいけないという意識啓発を根本からやる必要があると考えます。

今は、人生会議、**アドバンス・ケア・プランニング**がたいへん重要だということで、亡くなるときに医療行為をどこまで良しとするかといった非常にデリケートなことについて、これから話し合いましょうという取り組みが広がり始めています。それはとても大事です。しかし、私は、人生の最終段階になるもっと手前のさまざまな問題について、誰に、自分の意思を代行してもらうのかということも大切だと思うのです。代行してもらうというけれど、代行権を持った人が勝手にやっていいという意味じゃないわけです。個人の思いに寄り添うということが大切です。本人の意思に寄り添うという代行者が必要なんです。そのためには、事前に、自分は弱ったときにアドバンス・ケア・プランニングの手前の財産の取り扱いとか、それから身上監護に関する法的行為とか、**自分のことは自分で決めるという考え方で、家族や信頼できるプロと話し合う**など、われわれ当事者自身の意識改革により新しい慣行と文化をつくる必要がある。**アドバンス・ライフ&ファイナンシャル・ケア・プランニングといってよいかもしれません。**そういう意味では、生命保険は今、世帯加入率はたいへん高いわけですが、本体給付もさることながら生命保険の付帯事業で、これからは自分の弱ったときにどう判断するかという生きているときの相談をやってもらったほうがありがたいと思っているぐらいです。信託銀行といった業界も同様に大切です。

要するに、これは私的世界の話なので、民間主導でこういうことを議論しないといけない。その場合、**民間事業者をどう育てるかが大切です。**昔は、介護事業というのは社会福祉法人と行政だけでやっていたんですね。しかし、今の成年後見制度と一緒で、行政と社会福祉法人だけではサービスが足りない。そこで民間事業者を介護事業に導入していただこうという取り組みを私は当時の厚生省で担当したことがあります。当時は民間企業というのは、高齢者を食い物にするのではないかという誤解があってなかなか導入できなかったんですね。そのときに、民間の自主的団体を作って、自主的団体にきちんとしたサービス基準を作っていただいて、それをちゃんと守ります、自主規制しますということで、差別化するという政策を行ったんですね。

今のいわゆる老後の相談とか、代行業務がなかなか出てきにくい状況は当時の介護事業をめぐる状況にそっくりです。もっと民間企業が前に出てもよい。もちろん士業、弁護士業を含めて、きちんと私たちがこういうことを守って、こういうことをしますということを明示した民間の自主的な団体が必要だと思います。

そういうことで、民間の自主的な団体を作って、そこで、財産管理契約とか、委託契約とか、日本はいろいろなことができるようになっているし、現にあるんだそうですので、それをきちんと調べて、自主基準を作るといいと思うのです。

そして特に思いますことは、財産管理とかそういうことはいろいろな実態も法制度もあるわけですけど、例えば家族信託をしても身上監護ができないとかいうことらしいんです。だとしたら、素人の考えですが、身上監護に相当する事業、認知症になる前から認知症になったときにこういうふうにしてほしい、ああいうことをしてほしいということをきちんと委任したり、信託はできないのかとか、そういう内容の委任や信託をする契約は強行法規に違反しない限りできるはずです。こういうものについて標準的なひな形ができないものかと思うのです。

介護サービスの場合は、厚生省が民間の自主基準の設定を指導しました。そして今は、在宅介護サービスは、むしろ民間事業者が切り開いて発展しました。

しかし、この分野は金融庁、法務省、場合によっては経産省など、所管官庁がばらばらだから、この実態を把握して全体としてどういう優良なものを育てたらいいのか議論する場がないんです。私は民間学識者と民間事業者が中心になって、研究して、関係省庁にこの民間的な自主規制団体が出てきやすい環境を指導してほしいという提言をしていただきたいと思います。

そして何よりも大事なことは、**認知症の本質を理解して、認知症の人に寄り添って、認知症の人は死ぬまで尊厳はなくならない**と言われていますから、**その尊厳というものに寄り添う**ように、いろいろな法律行為を代行してあげたり、補完してあげたりする。その人材養成がポイントだということです。私はこのようなことを本当にこれからやらないといけないと、このことを叫ばせていただいて終わります。

――高齢者学は、秋山さんがおっしゃったように学際的な学問です。その中で遅れて参加してきた社会科学の中に法律学があります。辻さんが力説したように、今後の日本社会で重要になる問題の一つに、認知症高齢者の急増があり、それに対し、成年後見制度や日常支援生活事業など、一応の公的な法制度はあるものの利用はわずかでまったく十分といえない状況です。その結果は、個々人とその家族にとっても大問題となりますが、そればかりでなく、地域にとっても大きな影響を及ぼし、今や「空き家問題」や「居住者も建物も古くなったマンションをどうするか」は社会問題です。

それに対し、実は、私的自治を基本とする民法では、委任契約や信託契約などの法的手段を用意してきました。ところが、それらの活用も十分ではありません。

そもそも日本の法学部には、これらの高齢者問題を法的な見地から検討する「高齢者法」の授業がほとんどありません。私は、秋山さんに言われて、六〇歳を過ぎてから「高齢者法」の授業を始めてみましたが、その頃、知り合いのアメリカの先生に、「自分などは三〇年以上前から elder law = 高齢者法を教えている」と言われてびっくりしました。当時も今も、アメリカの高齢化率は日本の半分ほどだったからです。世界の先頭を切って超高齢社会に直面しているわが国で、高齢者法の授業もないことが、いかにおかしなことかと感じました。

そこで、次に、慶應義塾大学の法務研究科（法科大学院）で、最近、「高齢者法」の授業を始めた西希代子さんの経験を聞いてみましょう。

4 高齢者法を教えてみて

慶應義塾大学大学院法務研究科教授
西　希代子

高齢者学の一部としての高齢者法

始めに申し上げておきますと、私は、他の先生方とは異なって若葉マーク付きです。年が若いということではなく(笑)、高齢者法という分野について初心者という意味です。本日は高名な先生方に並んでこのような機会を与えていただき本当に光栄に思っております。

まず本日、どのようなことをお話させていただくのかということですが、高齢者法というものを今年度初めて教えてみた研究者兼教育者の立場から、高齢者学の一つの実践の形としての高齢者法という授業の意義とその発展の可能性について考えていきたいと思います。最初に、そもそも高齢者法とは何かということについて、現在の学界の状況と合わせてお話いたします。次に、実際に高齢者法という授業を、おそらく全国の法科大学院で初めてだと思いますけれども、開講した経緯などをお話して、実際の授業内容、履修者の反応などをご紹介いたします。続いて、その履修者のアンケート結果を基に、学生が法科大学院の授業として高齢者法というものを学ぶ意義について確認いたします。最後にそれを踏まえて、学校という場を離れて一般市民、そして高齢者自身が高齢者法を学ぶ意義とその方法について海外で見た事例を一例、お示ししたいと思います。

高齢者法とは何か

実は高齢者法とは何かということ自体、あまり明確ではありません。後でもそのお名前をご紹介いたしますけれども、高齢者法の第一人者である関ふ佐子教授によれば、「高齢者法とは、社会保障法、労働法、民事法、医事法、刑事法といった各領域でそれぞれ取り扱っている高齢者に関わる法的課題を体系的・横断的・学際的に取り扱う、高齢者に着目した法分野」です。つまり、高齢者法という法律はありません。この点は、憲法、民法などとは違います。高齢者法という言葉は、老人福祉法、高齢者虐待防止法など主として高齢者を直接の対象とする法律のほか、成年後見制度、消費者契約法の困惑類型などのように、高齢者のみを対象とするわけではないものの、高齢者がよく用いることになる、そのような特に高齢者にとって意義がある法律をまとめた呼び方として、いわば総称として用いられてきました。障害（者）法や消費者法と近いイメージになります。現在ではもう少し広く、高齢者に関わる法的問題も全て含める方向になっています。その意味で何でも入るバスケットのようなもので、フィールドとしての高齢者法という位置付けになります。これが先ほどご紹介した関先生のような表現につながるわけです。いわゆる「子ども法」などと似たようなイメージになりますけれども、外延はかなりあいまいです。

そのような観点から高齢者法の中身として考えられるものは多岐にわたりますが、本日は時間の関係上、具体的な内容についての説明は省略させていただきます。その一端だけ申し上げますと、まず、**「健康で文化的な最低限度の生活」の保障（憲法二五条一項）**、つまり、高齢者の生存に必要なものに関する問題として、年金、介護保険など福祉の領域に属するものが挙げられます。伝統的な法分野との関係では、社会法に属するものが中心になります。この他、虐待防止法なども含まれます。従来の高齢者法はまさにここが中心でした。

次に、生活者・消費者としての高齢者に関する問題が挙げられます。特殊詐欺等の高齢消費者問題、自動車事故に見られるように被害者にも加害者にもなりやすい高齢者の加害・被害による民事的・刑事的問題、高齢者の就労問題、社会参加等が含まれます。この辺りから伝統的な法分野との関係では民法の中で扱われてきた内容が登場します。続いて、高齢者と家族に関する問題（婚姻・再婚および離婚にまつわる問題、家族による老親扶養・面倒見をめぐる問題等）、高齢者と住まい（高齢者の不動産賃貸借、高齢者用住宅等に関する問題、配偶者居住権等）、財産管理・承継（信託、生命保険等、民法外の財産移転制度も含む）、終末期を中心とする医療に関する問題（尊厳死・

延命措置、医療同意・代理決定等）、死にまつわる問題（献体、埋葬・葬儀、墓地等）。そして最後に、成年後見制度、委任制度など高齢者の意思決定・実現支援、権利擁護を支える法制度が挙げられます。他にも対象とすべき法律・制度は限りなくありますし、国、時代によっても大きく異なるものになるでしょう。

高齢者法学の現状

次に、高齢者法のこれまでの研究動向をみていきます。高齢者が遭遇する法的問題をまとめたハウツー本のような実務書は結構ありますが、学問としては、いまだ、認知度が低く、体系は未確立で、研究蓄積も乏しいのが現状です。総論的な本としては、山口浩一郎＝小島晴洋『高齢者法』（有斐閣・二〇〇二年）を嚆矢として、わずかに、樋口範雄『超高齢社会の法律、何が問題なのか』（朝日選書・二〇一五年）、樋口範雄＝関ふ佐子編『高齢者法：長寿社会の法の基礎』（東京大学出版会・二〇一九年）等がある程度です。

主な担い手は、英米法学者、社会法学者です。英米法学者の代表的存在は、まさに今日の司会役の樋口（範雄）先生です。すでにお名前を挙げさせていただいた関先生、山口先生のご専門分野は社会保障法・労働法です。これは、高齢者法がアメリカで発展してきた学問であり、また、先ほど申し上げましたように、高齢者法が従来、福祉を中心とするものであったことと関係すると思います。

他方、民法などの民事法学者による研究は成年後見制度に関連するものなどごく一部を除いて、ほとんどありません。私も専門は民法ですが、周りの法学者は、「高齢者法、何それ?」といった感じで、知名度はほとんどゼロです。高齢者法の総論的なものとしては先ほど秋山先生からご紹介いただいたご本も含めて、数えるほどしかなく、まだまだ開拓期です。研究者同士のネットワークもいまだ十分ではありません。少なくとも学会レベルのものはありません。近年、先ほどからお名前を挙げている関先生が中心となって、高齢者法研究会という組織がつくられまして、月一回程度、数十人の実務家や研究者が参加する研究会が開催されています。このような状況ですので、一つの法領域として存在感を獲得するにはまだまだ時間がかかりそうです。

そのようななか、法学界最大規模の日本私法学会における二〇二二年一〇月のシンポジウム「高齢者と私法」開催を期に、高齢者法の知名度、認知度が上がることを期待しています。

世界をリードする日本高齢者法の確立へ

ここで、民法学者として高齢者法にどう向き合うのか、また、向かい合おうとしているのかということを少し述べさせていただきます。一言でいえば、**高齢者法の体系化を図りたい**と考えています。**民法学者はこういうのがとても好きなんですね、体系化とか理論の精緻化とか。**たしかに、現段階でも高齢者法に一つの視点としての意義があることを否定する民法学者はいないと思います。例えば、高齢者が被害者、加害者、あるいは原告、被告であるために、法の解釈運用において特殊な考慮が必要か。より具体的には、高齢者の責任の減免の問題とか、高齢者が被害者である場合における加害者に対する特別な配慮の要求などが考えられます。これらは従来の民法学が見落としてきた問題点や、社会の変化、新たなニーズの法への反映などについて議論を深める契機にもなります。さらに高齢者にとって生きやすい国、生活しやすい法というのは誰にとっても生きやすい国であり、優しい法ですので、ユニバーサルデザインを構築する、その一つの手掛かりになるということもいえます。このような「視点としての高齢者法」だけで十分だという考え方もあり得ますが、さらにもう一歩先、独自の理念を持つ一つの法分野として、その体系化を目指したいのです。

世界的に見ても高齢者法はまだまだ草創期の法領域です。世界一の超高齢社会である日本には、この分野でイニシアチブを取るチャンスがあると考えています。これは特に民法などを研究・教育している人間の実感ですが、明治以来、日本は継受法の国ということで、常に母法であるフランス法やドイツ法に教えを請い、さらに留学生のトップは欧米に取られてしまう。そういう意味で、法学界では二流国なのです、日本は。それを痛感していますので、そのような日本が一気に世界の法学界トップに躍り出るチャンスではないかと、そういう夢を見ています。夢で終わってはいけないのですけれども。

もっとも、世界の動きは速く、高齢者法の体系化に向けた動きが既に始まっています。例えば、日本では関先生が既に紹介されていますが、法原則的側面、保護的側面、支援的側面、予防的側面、エンパワー的側面の五つの側面から高齢者法を考えるイスラエル・ドーロン教授（イスラエル・ハイファ大学）による「高齢者法の多元的モデル」などが知られています。個人的には分かるようで分からない。理解できるようで何となく中途半端な気もしたり、日本にいる私から見ますと、もう少し違う考え方もあるように思われますので、まだまだ日本にも、追いついて追い越せる可能性がありそうです。

体系化を試みる前提として高齢者の特徴を考えてみますと、まず、個人差が大きく多様。次に、基本的に不可逆的に終末期に向かう。個人差はあるものの、加齢・病気等による判断力の低下。また、特に健康、財産、人脈、能力等の各面で、出ていくもの・失うものがあれば、入ってくるもの・獲得するものもあるという、若い頃のようなバランスが崩れるのも大きな特徴のように思います。そして、従来の高齢者の位置付けは、保護であれ、自立支援であれ、差別の撤廃であれ、あくまでも**客体としての高齢者という位置付け**が多かったように感じます。これは高齢者法の主な研究領域が福祉の領域であったことが一因かもしれません。あくまでも客体なのです。ところが民法の立場から見ると、また違った側面が見えてきます。**民法は、人と財が中心になる学問で**

すので、どうしても高齢者が持っている財産に目が向くことになります。

もちろん、高齢者も二極化が進んでいますので、財産を持っている高齢者は一部ということもできますけれども、日本の家計金融資産総額の約七割は高齢者が持っています。二〇三五年には、有価証券の一五％を持つのは認知症の人になるとも言われています。そうなりますと、これまであまり注目されてこなかった側面、つまり人口数と保有資産の力で国家、社会、家族に影響を与え、時として圧力にもなる高齢者という姿が見えてきます。民法学者として、このような側面から、その力や相互関係も含めて高齢者法というものを考えていきたい。つまり、**主体としての高齢者**という捉え方、家族、社会、国家という関係の中での高齢者の位置付け、さらに、忘れられている将来の国家・社会・国民という視点も含めて考えていかれればと思っております。

「高齢者法」の開講

さて、本題である授業の体験談です。まずそもそも日本の法科大学院に従来なかった高齢者法という授業をなぜ開講したのかという背景からお話いたします。二つの背景がございます。一つは私自身の在外研究の経験です。二〇一八年にアメリカのコーネル大学（ニューヨーク州）とウィリアム・アンド・メアリー大学（バージニア州）に滞在しました。そのアメリカで、Elder law（高齢者法）という日本では聞いたことがない科目があることに気付きました。アメリカでは、既に一九六〇年代から高齢者法というものが知られだして、一九八〇年代には、一つの学問領域として確立しています。

コーネルやウィリアム・アンド・メアリーは名門校ですが、それらの大学に限らず、大抵のロー・スクール（法科大学院）には高齢者法という授業が常設科目としてあります。アメリカのロー・スクールの教材は、実際の裁判の事案と判決が中心になっているケースブックと呼ばれるもので、大体一、〇〇〇ページ前後です。このケースブックの種類が物権法、不法行為法等の民法系の科目と同じぐらいの数あります。二〇〇ページとか三〇〇ページとか、比較的薄めの概説書なども同じようにたくさんの種類があります。つまり、それだけ授業科目として一般的な科目だということです。ロー・スクール附属の高齢者法センターのようなものを設置している学校も結構ありまして、検索したらいくらでも出てきます。一般向けの実践的なハウツー本もたくさん出版されていまして、日本の終活本と比べると、書き込み式になっていたり、より実践的で分かりやすい、しかもコンパクトという特徴があります。

学問としての高齢者法の中身については、本によって異なりますが、全体的に社会保障、労働法領域に関することが多くなっています。特に医療関係の話が多いです。これは、アメリカでは日本とは異なり全国民レベルでの医療保障制度が未発達ということと無縁ではないと思います。被害者が高齢者である場合の損害賠償額の話とか、そのような細かい民事法的な話は全然、出てきません。高齢者の実際の生活に直接関わること、高齢者自身、あるいはその代理人として弁護士が実際にすべきこと、備えることが中心になっていまして、学問としての理論や体系のようなものはあまり意識されていません。むしろ、高齢者ないしその予備軍が依頼者である場合を念頭に置いた**実務のための高齢者法**という印象です。日本とアメリカとでは法学の伝統も違いますので、日本高齢者法がアメリカ高齢者法と同じである必要はないのですが、アメリカでは高齢者法はそのような位置付けです。

次は、開講の背景の二つ目です。学問領域としても確立していないのに授業が成立するのか、と疑問に思われそうですし、法科大学院なのに司法試験に関係ない科目なんて需要があるのかと言われてしまいそうですが、たまたま、現在、勤務しております慶應にはかなり好都合の条件がそろっていました。まず、年度単位で開講、廃止が自由にできて、少人数で、成績評価も合否判定だけでよいという柔軟性の高い「テーマ研究／演習」という科目枠があります。さらに、慶應の非常によい伝統の一つとして、「**半学半教**」という精神があります。これは、ある程度、学びを修めた者が後輩に教えて、学び合い教え合うという精神で、草創期以来のもののようです。自己流に解釈いたしますと、教員は授業を完璧にできなくてもよい、学生と共に学ぶんだという言い訳ができますので、安心して開講してみることができたわけです。

授業の内容としては、多数ある高齢者法に関わるトピックのうち、少しは民法に関するものの方が学生には入りやすいと考えまして、**総論に続き、高齢者と住居、高齢者と不法行為、高齢者と家族、高齢者と財産承継・管理、高齢者と介護・虐待、終活、高齢者の消費者被害等**を選びました。実態の見えにくいテーマについては、弁護士の先生にゲスト・スピーカーをお願いしました。割合的には三分の一ぐらいが民法の発展的な学習、三分の二ぐらいが全く司法試験に関係のない話という構成になりました。

授業の資料の一例をスライドに載せておきました。統計データや新聞記事などをたくさん使ったり、「保険を用いた遺留分制度の潜脱」というような、民法が分かっている人が見ても、学生が見てもちょっと興味を感じるようなキャッチーなタイトルをつけたり、それなりに工夫はいたしました。半学半教という言い訳はありますが、教科書もありませんので、大体、一回の授業当たり準備に二〇時間から三〇時間はかかりました。第一回目の授業では、記念講演のような形で樋口（範雄）先生からいただいた動画を見せながらガイダンスを行いました。

学生の反応

履修者とその反応に移ります。履修者は九名でした。この科目の枠としては多いほうです。ほとんどの学生が成績上位者でした。それは、成績上位だから司法試験科目以外の勉強をする余裕があるということかもしれませんが、そういう学生に興味を持ってもらえたのは非常にうれしいことでした。学期末試験の代わりに成績評価方法とした学生のレポートもかなり力作ぞろいで、よくこれほど時間がかけられるなと感じるものが大半でした。その学生に協力してもらったアンケートによりますと、授業を受けるまで誰も高齢者法という言葉は聞いたことがなかったようです。受講した後の感想としては、全員、大変良かった、あるいは、大満足。教員に直接面白くなかったといえる人はいないとは思いますけれども（笑）、学生の実際の反応を見ていても楽しんでいることがよく分かりました。

今回、法科大学院の授業科目として開講してみて見えてきたその意義についても一言述べさせていただきます。学生のアンケートからは、**顧客ニーズへの対応、ビジネス・チャンスとして高齢者法**を捉えていたことが分かりました。アメリカの高齢者法の発展自体にそのような側面がありますので、実際、学生のこの認識は正しいように思います。もちろん個別の法解釈等の内容に興味があったという学生もいましたが、どちらかというと将来の弁護士としての仕事を考えた、ある意味、戦略的な履修動機が大半でした。

さらに私のシラバスの書き方自体がそういう目的を持った学生を集めたともいえますが、やはり科目の垣根を越えた横断的理解、つながりの理解のための視点として高齢者法を学ぶ意義があると考えた、あるいは民事法の復習、発展学習の機会として高齢者法のメリットを感じたという学生も多いようです。最後に、意外なことに、高齢者法の学びを通じて、一般民事の魅力を知ってもらうことができたようです。慶應は渉外、金融、企業法務に力を入れていますので、そのような事件を扱っている大手渉外弁護士事務所の実務家教員などが学生の憧れの的になっています。反対に、家事、一般民事を扱う弁護士、いわゆる町弁についてはお金にならない、エリートではないとか、つまらないとか、そういう誤ったイメージを持っている学生が多いのです。そのような中で、今回ゲスト・スピーカーに来ていただいた弁護士さんたちの力によるところが大きいのですが、高齢者法というものを通して一般民事の面白さと、意外とお金にも縁があるのかもしれないということを知ってもらえたという、そういう授業でもありました。

このように一〇〇点、いや二〇〇点満点ぐらいの予想以上の成果がありましたので、野心は広がります。では、高齢者法は、学部科目としてどうかとか、高校で学ぶのはどうなのか、など。学部科目とすることについては、私自身は法学入門としての意義もあるし、学生が自分の将来のことを考えるきっかけになるのではないかと思ったのですが、今回のアンケートの結果によると、どうもそれは微妙だということが分かりました。なぜかということなのですが、やはり、民法の知識がないと理解できないからというような理由が結構ありました。学生にとっては自分自身の将来の問題として捉えるのは、やはりまだ無理なようです。

そうであるとすれば、では逆に、年長者のほうに向かうのはどうなのかということで、これも学生のアンケート結果をご紹介いたします。まず、**高齢者自身が高齢者法を学ぶ意義はあるのか**

という問いです。これについては、文字通り高齢者が自分自身の問題として知るということになりますし、自信過剰バイアスを是正し、自ら備えることにつながるという意味もあることは否定できないと思います。学生のアンケートの中にもそのような発想が見られて、自分自身の選択、自己決定の前提として知識を持たないといけない、そうしないと行政に委ねる形になってしまうという意見がありました。

もっとも、高齢者自身が高齢者法を学ぶ場合には、その内容は当然、大学における授業とは異なるものとなるはずで、より実践的、具体的な内容が適当です。例えば最初に何かあったときに相談する窓口はどこかとか、フロー・チャート的なものを用いて、知って理解することが重要ですし、場合によっては事例紹介という形ではなく、実践的にロール・プレーイングなどを活用して、身をもって知る、体で覚えるといったものにも重点が置かれるべきかもしれません。

さらに高齢者ではなく一般市民にとってはどうかということになりますと、これについても学生のアンケート結果は興味深いものでした。一般論として、現代人必須の視点であるという回答がありました。この点では、学生にとってはジェンダー法などと同じ位置付けのようです。他方で、一般市民は市民でも、**高齢者の家族にとって特に重要**だと考えている学生が多いのが印象的でした。これは私、予想していませんでしたが、確かに介護の問題にしても、財産管理・承継などの民法的なことにしても、家族が知識を持つことが、もちろん、高齢者を守ることになりますが、何よりも家族自身、自分が主張できることを知る、例えば、遺産に対する権利であったり、行政サービスの利用であったりとか全て含みますけれども、そういうことを知った上で高齢者とどのように向き合うか、あるいは距離をとるかということも含めて、態度を決定することができますので、後の相続争いなどを未然に防ぐという意味でも有益かもしれません。

高齢者の学ぶ高齢者法

そこで、このように高齢者自身、あるいはその家族、広く市民がどのように高齢者法を学ぶのかということを少し考えてみました。例えば、法科大学院生、つまり**学生が授業の一環として市民講座などの講師を務めることは考えられないでしょうか**。学生にとっても、高齢者にとってもメリットがあります。学生にとっては教えることで初めて本当に分かるということになります。これは私たち教員が日々、実感していることです。他方、高齢者や市民にとっては、弁護士などの法律専門家の話より気軽に聞けますし、質問がしやすい、さらに若さをもらえるとか（笑）、そのようなメリットもあります。それが相互の理解を生み、人を、世代を結ぶという効果もあります。そのような小さいことでも積み重ねることによって、高齢者の問題に対する社会の理解が深まって、流行に乗るようですけれどもSDGsの誰一人取り残さない社会の実現に寄与できるのではないでしょうか。

私がそのような発想に至ったのは、アメリカで実際にそのような取り組みを見たからです。私がのぞいたのはコーネル大学のエステート・プランニング（財産承継のプランニング）というゼミです。その授業の一環として市民向けに年五、六回、講座が開かれています。スライドの写真にありますように、四月とはいえ、およそ春らしくない日で、雪の翌日だったのですけれども、二〇〇人ほどが入る教室はほぼ満員でした。予約制でした。印象的だったのは、中高年の夫婦が多いというのは予想通りでしたけれども、若い一人の女性が意外にも多かったことです。

どのようなものだったのか、その一端をお伝えするために、スライドにパンフレットの実物をそのまま載せておきました。最初に学生が講義のように各テーマについて大体、中学生ぐらいの理解力があれば分かる程度の分かりやすい説明をしていました。具体的な内容は、**遺言、リビングウィル、持続的代理人制度**等の概要、終末期に関して意思表示をしておく必要性とその方法などでした。遺言が多いと言われているアメリカでも実際にはそれほど多くはなく、到底五〇％には達しませんので、そもそも、遺言がどうして必要なのか、終末期について希望を述べておくことがどうして必要なのかということから、丁寧に事例を含めて説明していました。特に医療に関する問題について、自分が医療に関する決定ができなくなったときのために、代わりに決定する人を指定しておく医療代理人制度について、その指定方法やどのような決定を委任するのが望ましいのかというお話も丁寧にしていました。

さらに面白いのが弁護士への相談の仕方と付き合い方に関するお話でした。これは弁護士には直接、聞けない話です。どのような場合に弁護士に相談するのが有益か、どのような場合にはお金の無駄遣いになるかということとか。良い弁護士と悪い弁護士の見分け方とか、そういうことも話していました。最後に弁護士や学生による個別相談の時間がありました。終了時刻が特に決められていませんでしたので、おそらく、何時間も続いたのでしょう。バイキング形式のランチ・軽食付きで（地元のスーパーマーケットの提供）、もちろん、全て無料です。当日は、スライドに表紙だけ載せておきましたが、『Five Wishes（五つの望み）』というアメリカで四、〇〇〇万部以上売れている一〇ページ前後の冊子が、無償配布されました。記入式です。医療代理人の指定ができたり、終末期の望み、家族にしてほしいこと、してほしくないことなどをチェックしたり、短文の記述欄があったり、書きやすい形式です。

内容は、例えばひつぎに花を入れてほしいとかそういったことまで含めて、かなり細かいものにはなっています。記入した『Five Wishes』は八〇％ぐらいの州で法的効力も認められています。その日、そこに来て初めてそれを見たという人がほとんどでしたが、説明を聞きながら実際に書いていました。学生に聞きながら、教えてもらいながら、という人がかなりいました。自分のほうから手を挙げてという人はそれほど多くはなく、学生が積極的に席を回って声を掛けるというような感じで、アメリカらしくないというか、ある意味、日本でもありそうな光景でした。

日本ではこのような大学のイベントは聞いたことがありませんが、法律専門家と高齢者、市民の間にはかなり距離がありますので、その間にワン・クッション入れると申しましょうか、そういう形で法科大学院生や法学部生が入る余地、貢献できる余地があるのではないかと感じました。非常に雑ぱくなお話になってしまいましたけれども、私のほうからは以上です。ありがとうございました。

――高齢者学、その中でも高齢者法という法律学の話だと、なかなか一般の人には難しく、かつ面白くない話になることが多いのですが、西さんのお話は、実際の経験談が中心で、かつこの若い学問に若い学生たちがどのように反応したのかが分かり、西さん以外には話ができないような内容だったと思います。野心的な話だという側面も、高齢者にとっても刺激になります。

第1部の最後に、実際に高齢者である依頼者からのさまざまな相談に地域の弁護士として携わってこられた小此木さんに、その経験から来るお話をお願いします。法的な側面からのテーマが第1部でお二人になるのは、本書としてややバランスを失しますが、法的な課題のほとんどは、実は、他の専門家と共同して対応せざるを得ない問題、そうした方がよいと思われる問題ですから、あらためてその中に高齢者学の課題の大半が見えてくるはずです。それでは、小此木さんお願いいたします。

5

超高齢社会におけるシニアを生かす法的支援

（前日本弁護士連合会副会長）弁護士
小此木　清

小此木（おこのぎ）です、よろしくお願いいたします。これまで比較的大きな視点からのお話が続きましたが、ここからは弁護士への相談が無駄遣いとならないような、ミクロの、そして、現場でのお話をさせていただければと思っています。まずは、法的な事実とは何か、その事実はどこにあるのかということからお話しします。現状において、シニアからの支援需要、本当にたくさんの需要がありながら、**法定後見制度（補助・保佐・後見という三種類の成年後見制度）**はいうまでもないのですが、高齢者需要に応える支援供給者側の仕組みづくりがあまりにも遅れています。「委任」や「任意代理」、つまり**ホーム・ロイヤー**ということですが、「**任意後見**」「**民事信託**」もまた、普及が遅れています。これらの仕組みのメリットを利用者が感じることができないでいるためです。

ここでは、第一に高齢者の課題、第二に高齢者への法的支援、第三に解決のための仕組み、そして最後に個人的な私の高齢者問題の解決の仕組みづくりの構想をお話させていただこうと思います。

高齢者の課題

メインの対象は「高齢者」「一人暮らし」というところになってくるわけですが、当然一人暮らしになったときには今日の食事、三食の確保がまず必要になります。そして、自分自身の有用性を感じるような今日の用事。可能なら就業場所があることが一番ですね。さらに、今日行く場所。それは娯楽でよくて、散策のようなこと。そして少しの支援。現代社会においてはＩＴ支援、それから金融支援、プラス、プライドを損なわない身上支援が必要となっています。既に話題にされたとおり、医療が発達して社会的介護も発達しました。これにより、男性であれば七二歳以上、女性であれば七五歳から、健康寿命が多少、落ちてくる。そういった段階であったとして、早い人では一〇〇歳までのおよそ二五年、言ってみれば四分の一の人生が長期的介護状況ということになります。

特に**今、施設に入ってしまうと集団行動が強制されます**。高齢者本人が自分の趣味であるとか、自分の時間というものを、実際のところ、明確に持つことができません。施設の場合、安全性が重視されますから、一つの場所に高齢者の方々に集まっていただき、目が届く場所にいていただくことが必要になります。そういう中では、自己決定というものはかなり揺らいで、不存在になるとも言わざるをえません。施設側、介護する側の論理で介護が進められていってしまうわけです。そこで私のほうでも問題提起——辻先生にしっかりと問題提起をしていただきましたが——、このシニアの自己決定、そしてそれをどう支援していくか、について視点を変えて再提起します。主には財産管理と身上配慮に関する具体的提案をさせていただきます。

お見せしている図は、私が高齢者人口と高齢者世帯数を合体させたものですから、不正確な面は多分にありますが、これまでは、人口だけで、高齢者というのは現在三、六〇〇万人いるとか、高齢者世帯は全世帯約五、〇〇〇万世帯のうちの一、七〇〇万世帯ですよとかというように、別々に分けていたのですが、これを合体した形で再構成しました。法的な支援ということで「法定後見」と「ホーム・ロイヤー」という法的サポートの対象者が相当数おられることを示す表となっています。法定後見は認知症等で判断能力に衰えが生じた、主に高齢者六〇〇万人を対象とします。他方、ホーム・ロイヤー——先ほどの委任や任意代理という法形式のものなのですが——、将来的には任意後見制度を使うという意味でホーム・ロイヤーが任意後見受任者となり、判断能力が備わっている三、〇〇〇万人の高齢者中間層が対象となる仕組みを提案したいのです。

高齢者世帯から考えると、高齢単身者および高齢者夫婦、そして、親と未婚の子、そういった方々がホーム・ロイヤーの対象者となります。法定後見というのはどうしても認知症発症後でしか用いられませんので、制度利用者は約二三万人、著しく少ないわけです。これに対して、三、六〇〇万人の高齢者の中の残りの三、〇〇〇万人。こちらの中間層に対して、民間団体でという辻先生のお話もありましたが、この方々を対象に**事前のプランニングを支援**していくという仕組みをつくっていきたいと思っています。

世帯数からすると、高齢者の約一、七〇〇万人の方々が一人暮らしであり、かつその予備軍となります。三〇〇万人の親なき子の問題も出てきます。そういった対象に対して法的支援をどのようにしていくかということになってきます。高齢者に対して意思決定というものを支援していくなら、繰り返しになりますが、判断能力のある中間層の三、〇〇〇万人の方々に対して、**「将来、自分が介護状況に至る、認知症になる」、そういったときに対応するための事前のプランニングを支援**していくべきだと考えております。それが意思決定に関する法的支援になります。

また、高齢者に関わる法的問題ということで挙げさせてもらっているのが、「高齢者の住まい」という問題になります。有料老人ホームとか、特別養護老人ホーム等では入所者が経鼻経管栄養、それからインスリン投与、たん吸引等の医療の依存度が高くなった場合には、**医療的ケアの対応**は困難で、施設によっては退所を求められることが出てきます。つまり、住まいを選ぶときに入所の際の契約内容を確認する必要があって、これに対する支援が必要になるということです。

保証人問題もあります。身元保証人というものが施設に入所する際に必要とされる理由ですが、施設側からすれば、まずは利用料の確実な回収が一点目にあります。二点目は入所者の身元を引き受ける。医療が必要になったときどうするんだとか、あるいは、お亡くなりになる状況になったときどうするか。死亡後の遺体、遺品の引き取り、そういったことで身元保証人が必要となってくるわけです。身元保証人が見つからない場合には入所を希望する施設に身元保証人を立てることができない理由を説明して、例えば、後見人とか、あるいはホーム・ロイヤー、そういう代替的な手段を講じることによって、身元保証人を立てずに入所することが可能になってくるという現実もあります。

施設入居後にトラブルが起こる典型例は、先ほど医療依存度が高くなったケースにおける**退去要請**に関する以下のような事例です。

「有料老人ホームに母が入居している。先日、ホームで誤嚥性肺炎を起こし、ホームの提携病院に入院したが、担当医から、嚥下能力低下のため、このまま経口食とすることはリスクが高く、胃ろうの設置をすすめられた。しかし、その旨をホームに説明したところ、ホームでは胃ろうの対応ができないので、胃ろうを設置した場合には退去してもらいたいと言われた。退去しなければならないか。」

このような場合には、①契約書で胃ろうに対応できることになっているかどうか、②契約書に「入院または外泊が連続して二カ月を越えるとき、または予想されるときで、復帰の目途が立たないとき」は事業者からの解除を認める条項等が規定されているか等、その該当性をめぐってのトラブルが生じることがあります。

それから、高齢者施設の中でも、あるいはもちろん在宅でもありますが、虐待という問題があります。事例としては、特別養護老人ホームに入所している母が排せつを失敗した際にヘルパーさんから母に対して、臭い、汚いなど、といった言葉を投げつけられたり、お尻をたたかれたりと、そういう乱暴な扱いをされたりすることがあるというような虐待が出てきます。それに対してどう対処していくか、どう支援するかということです。ある施設では、**寄付の強要**といった問題も出てきました。特養ホームで、本人に家族がいない場合に、施設長から「最期まできちんと看取ってほしければ財産全てをホームに寄付する内容の遺言を書いてほしい」と言われたというものです。

それから、介護事故。介護事故で死に至る場合があるわけですけれども、特に高齢者の事故になってきますと、まずは、嚥下による肺炎の問題、それから、大腿骨骨折、**大きな二つの高齢者特有の介護事故**問題があります。それらに対してホームから説明を受けるわけですが、**事故発生時の具体的対応**は、以下のようになります。

①緊急時対応：応急措置と医療機関への対処

②緊急連絡：施設長などへの報告・連絡・相談

③顧問弁護士への連絡：法的観点からの判断と対応

④家族・後見人への連絡：速やかに家族に事故報告と説明

⑤市区町村への連絡：市区町村に事故報告し、助言

⑥保険会社への連絡

⑦事故原因の分析と責任の所在の検討

⑧今後の対応：高齢者本人・家族へ、今後の対応についての説明と協議

以上の①から⑧までですが、そもそも介護事故が発生して紛争がもつれて訴訟に至るような案件というのは、施設側に事故そのものに加えて、うそ、隠蔽、こういったものが後から発覚してきます。施設側からの事故に対する説明内容に隠蔽が含まれるから、利用者側、家族に不信感が生じ、訴訟に至ってしまうことになるわけです。関係者間、本人または本人の家族と施設との信頼関係が失われてしまうことが争いを複雑にします。思わぬ事故発生は本来あるべき道を見失いがちにさせてしまうものです。しかし、正確な事故報告と迅速適切な事故対応による誠意ある行動が解決に向かわせることになります。

もう一つの問題は「**施設賠償責任保険**」というものを施設はかけているわけですが、この施設賠償責任保険の内容を施設自体がまず理解をしていない。保険会社にとってもまだ新しい保険で、だいぶ発売後時間は経っているんですが、利用が少ないということもあって保険会社の対応自体もなかなかスムーズになっていないということがあります。われわれ弁護士は、包括的に支援を

していかなければいけないところでもあり、要所々々を押さえて対応することで事故発生後のトラブルに陥る機会が少なくなるようにします。

次に、**消費者被害**についてです。そもそも本人自身が支援者とつながっていくことは困難です。高齢者本人が認知症等になっている場合には特にそうです。そのような場合、関係者や周りにいる方々に、まずは消費生活センターにつないでいただく。消費生活センターでなかなか問題解決できなければ法的専門家につないでもらうことになります。**新しい問題としては、ＩＴの終活があります**。目に見えない財産、インターネット・バンキング、株取引、あるいは、思い出の画像データ等、パソコンやスマートフォンにこういった思い出、個人情報が数多く埋まっているわけです。個人情報の宝庫といってもいいかもしれません。これらの財産の承継や処分が求められている時代になっています。これらの情報は、認知症になったり、お亡くなりになる前に、整理しておくことが重要な終活の要素となるわけです。ＩＤやパスワードを安全に保管するということも当然のことですが大事になります。高齢者本人にとってみても内緒の日記や画像、音楽その他のデータがあって、自分が亡くなった後も秘密にしておきたいというような要望も出てきます。こういったところも、安全という意味合いの保管になるわけですが、対応が必要になってきます。ＩＴ終活、判断能力喪失後、それから死後のために、事前にそれらについて委任事務契約を結んでおくことが大事になります【**図1**】。

【図１】 IT終活…判断能力喪失後・死後の委任事務契約

OSのIDパスワード，PC処理している取引情報の記録などの保管
→守秘義務がある弁護士に，あらかじめ処理を委任しておく。

1．IT財産の処理 ～PCの起動	• ①内蔵ソフトやサービスの継続・停止・退会 • ②内臓データの保存・削除・引継（メールなど）
2．財産処理・課金サービスの処理	• ①金銭関連（ネットバンク），②有料サイト，③ネット通販等
3．各種クラウドサービスの処理	• 各種アカウント等 • ①Facebook，②Instagram，③Twitter等

ＩＴ財産の処理、それから、財産処理、課金サービスの処理、この課金サービスの処理といった継続的な契約に対する解約等というものはＩＴにとっては非常に重要ですよね。亡くなっても処理されない限り課金され続けることもあります。これらの財産処理ということは意外と費用の節約になります。

自宅から施設に入所する際に、自宅でかかっている継続的な契約を解消するだけでも、月にして、三万円ないし五万円ぐらいの節約になります。具体的にいうと電気、ガス、水道、新聞代、それから電話代、こういったところが全て要らなくなってしまうわけですが、認知症になってなかなかそういうものを利用できなくても継続的にそれらのサービスを受け続けている。それから、自宅から施設に入所する際にも、同様の契約が残されてしまう。こういった契約について、タイミングよく解約等といった処

理が必要になってきます。ＩＴ終活でも同様の問題が出てきます。今後、民事裁判が全面ＩＴ化されます。二〇二五年までには全面ＩＴ化となります。今、問題とされているのは本人訴訟に対するサポートの必要性です。特に高齢者の方々はＩＴ弱者であり、こういった訴訟的なものに対する対応、サポートも強く求められているわけです。

高齢者への法的支援

どのような形で法的支援をするか、整理してみます。まずは住居の問題があります。在宅か、施設入居かということになります。それ以外に金銭の関係、財産承継、それから健康や死後事務という件になります。在宅で暮らすということはとても大変です。高齢者、特に一人暮らしの方は、例えば脳卒中であるとか、心筋梗塞であるとか、そういうことで倒れられて緊急入院をしたとしても、実際のところ、本人はずっと在宅で暮らし続けていたかったわけです。ですから、半身不随等という状況に至ってしまったときでも暮らせるかということになります。

私も実感したことがあります。自分の母は脳卒中で倒れて三カ月入院し身体が不自由になってしまい、当時、介護度は五になっていました。今までのような形では、到底、家族として在宅でみることができないと思い、「お母さん、病院を退院したら施設に入所するのもやむを得ないね」と伝えたところ、一言も声を発することはありませんでした。そんな時、私の友人の医師から「小此木、おまえ、自宅でも面倒みてあげられるよ。俺が対応してあげるから」という言葉をもらい、退院する間際、母に「お母さん、家に戻ることができるよ」と言いました。すると、今まで一言も、三カ月間、話をしなかった母親が「ありがとう」と言葉を発してくれたんですね。びっくりしました。家族とともに、在宅で、という感情は本当に最期まで残り続けるんだなと思います。その後、在宅で、亡くなってしまうまで一年ほどあったわけですが、その間、「月額三六万二、〇〇〇円、介護度五、介護保険」。でもそれだけでは到底、済まないわけです。一日四人のヘルパーさん、褥瘡が生じないように身体の移動をしなければいけないとか、口で食べられなくなってきますから経口摂取訓練を歯医者さんにしてもらうとか、ドクターにはもちろん月一回来てもらう。一日おきに看護師さんに来てもらうというようなスケジュールをつくらせていただいて、その中で、経口摂取できなくなってきますから、胃ろうをして栄養補給する、胃ろうの管理、それからたんの吸引等も家族がするということになっていきました。確かに介護保険はありがたく、「一割負担の三万六、二〇〇円で済んだ」と思いきや、さらにプラス数十万円の月々の出費をしなければ、実際には介護はできなかったのです。

ホーム・ロイヤーの役割ということで、後は法的な話でどんどん進めさせてもらいますが、財産管理もする、身上配慮もやらせていただくということです。大切なことは**本人の意思をしっかりと確認してコミュニケーションをとる**ということです。

任意後見は「本人が契約締結に必要な判断能力を有している間に、将来自己の判断能力が不十分になったとき、後見事務の内容と後見する人（任意後見人）を、自ら事前の契約（公正証書）によって決めておく制度」です。**任意後見と通常の委任との違い**は、以下の五点です。

①任意後見契約は必ず公正証書による。
②任意後見人の選任審判を停止条件とする契約。
③代理権行使に公的監督が伴う。
④任意後見契約は生存中の事務に限り、死後の事務委任は通常の委任・準委任。
⑤事務は法律行為に限られ、事実行為は除かれる。

また、任意後見契約の実際上の手続きは、次のような流れです。

①契約準備。
②任意後見契約。
③判断能力の低下具合をみて、任意後見監督人選任の申立て。
④本人調査。
⑤任意後見監督人選任の審判。
⑥任意後見の開始。

ホーム・ロイヤーのコストの問題で、月二万円ないし三万円というと、これはもう到底、対応できないというふうに皆さん、おっしゃるんですが、法定後見になって市区町村の申立てかつ市区町村が費用を出すということになったときに一万八、〇〇〇円は後見人の費用として二万円に近い額を国の方で出していただけることにはなっています。

さらに、民事信託という仕組みもあります。他の制度としては、生命保険を活用するということも財産管理の一環になります。**財産管理の支援者という位置づけで、「判断能力がある状態」「減少する段階」そして「困難になってしまった段階」として段階分けをしています。**支援の区分は、判断能力があるときは狭義のホーム・ロイヤー、委任や任意代理という形になります。ある程度判断能力が減少し始めたとき、日常生活自立支援事業というものを使う、そして判断能力が困難になったときには、任意後見であるとか、いわゆる法定後見が使われるということになります。

第一期の成年後見人制度は、二〇二二年三月末までの利用促進五カ年計画でした。その中で利用件数の伸びが少なかった。なぜかといえば、法定後見の利用メリットが実感できないことが一番のポイントです。第二期の成年後見制度は二〇二二年の四月からの五カ年計画になるわけですが、優先して、まずは民民の任意後見制度の利用を促進しましょうということで動いています。市民後見人であるとか、それから後見人の交代というような形も出てきていて、担い手の確保、育成等の推進が優先して取り組む事項となっています。任意後見も先ほどから言っているシニアの事前のプランニングにより、これだけのわずかな件数から大幅な伸びが得られるということだと思います。

次に、**医療同意**の関係の話です。命について一分一秒延命させる医の論理と、いや、生活の質、生命の質を尊重するという、このバランス関係が大事になります。終末期を考える場合、交通事故で入院してくるなどの急性型、あるいはがんでの入院などの亜急性型、そして、高齢者の慢性型とその進行速度によって、終末期医療に対してどのように考えるかが検討されるべきです。高齢者は終末期といっても、長期に及ぶ慢性型です。本人の意思決定が困難となっているため、ＡＣＰ（**Advance Care Planning**、人生会議）であるとか、ＤＮＡＲ（Do not attempt resuscitation、心肺蘇生措置拒否）の医師の判断によるものとか、本人に寄り添っている方々で、終末期の判断を確認していくことになります。

先ほどの事前のプランニングの中の大きな一つの仕組みとして、**事前指示書**を普及させたいという認識を私も共通に持っております。弁護士案の特徴は、弁護士とかかりつけ医とが関与し、①事前指示書の内容説明、②代理人となる、③証人となる、④公証人による事前指示書の認証という段階を踏んで作成していきます。

事前指示書というのは、緊急性が高く、本来は、倒れてそこに指示書があって、救命の判断がなされなければいけないわけです。だから、目につくところに置いておいてくださいということです。医療現場では、後見人になった場合の役割は、以下のようになります。

①診療契約、入院契約の締結。
②医師から治療計画等の説明を受け、その内容を確認すること。
③医療費の支払および有償サービスの手配。
④本人の医療情報（既往歴、服薬歴等）の集約・管理・医療機関等への提供。
⑤医療機関による診療契約上の義務履行の状況把握と対応。
⑥転院・退院支援。

医療同意については、現状は難しいといえます。事前指示書にしても、ＡＣＰで考えるにしても、「本人の」という「本人の意思決定はどういうことか」を確認していくということが、意思決定支援のキーポイントとなります。

解決のための仕組み

最後に、私の**ワン・ストップ相談**、解決の構想ということをお話させていただこうと思います。まずはこの**人生一〇〇年時代を迎えたシニアは、自らの生活の質を保持しながら、老後の生活を設計する準備をしなければならない**、こんな切実な課題を負っているわけです。ホーム・ロイヤーという形を私は進めてきているわけですが、人的資源を駆使して、シニアを支える新しい関係性の構築を行うとともに、有効なツールというものを持ち込んで便利に使いやすい支援というもの

【図２】　支援の仕組み

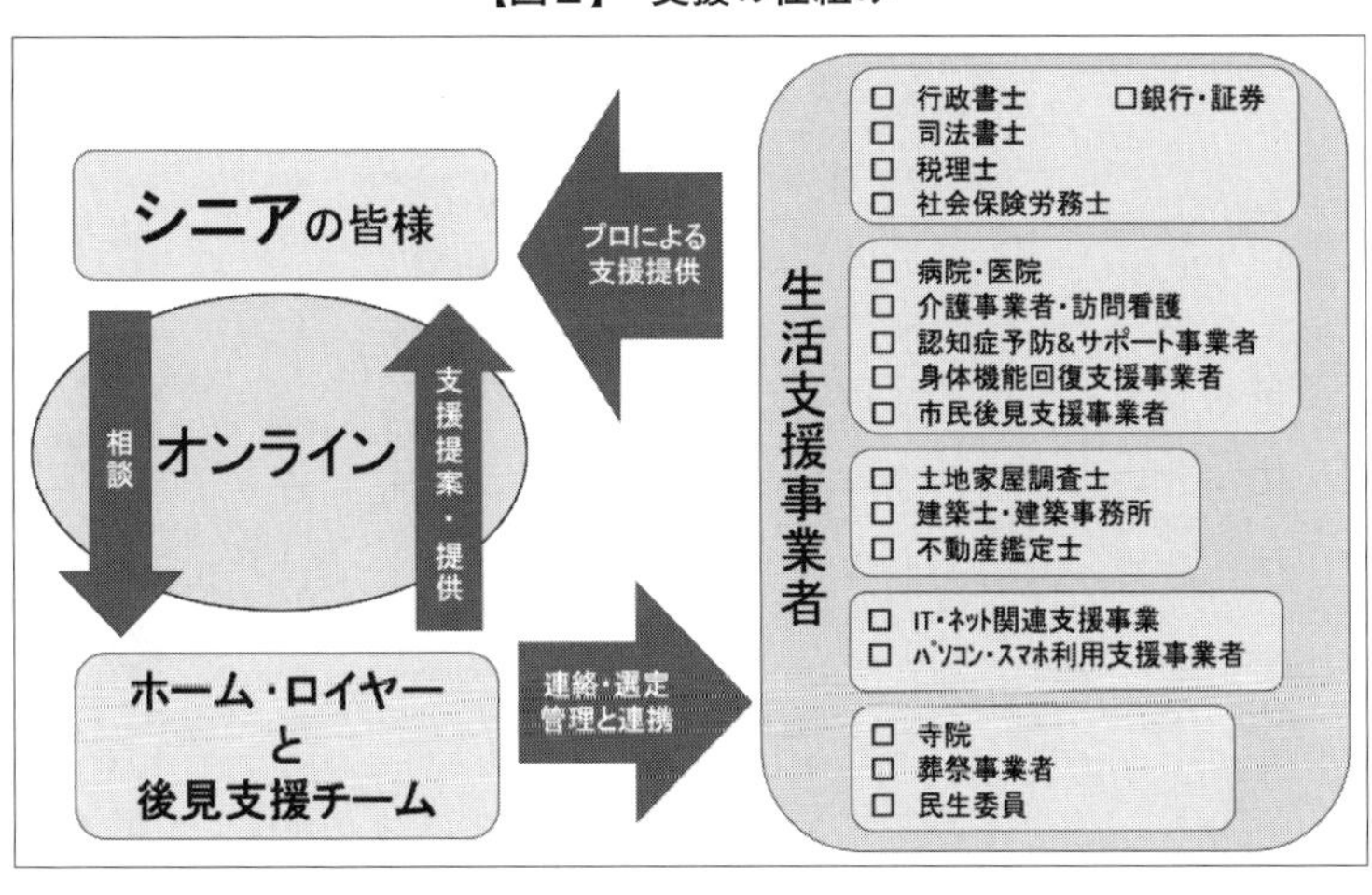

を普及させたいと願っております。その方法として地域におけるネットワーク形成をオンラインで行うこと。こんな提案をしたいと思っています。コロナ禍によってより急速に進行させなければならないと考えています。

【図２】は、私が構想してやろうとしていることです。キー・ワードとすると、「**同世代が同世代を見守る**」ということが大事なので、私の事務所では市役所とか、銀行とか、裁判所を退職された方を雇用させていただいて**後見支援チーム**というメンバーをつくっています。現在六人ほどいるわけですが、弁護士の責任の下でホーム・ロイヤー業務として関わっていく。高齢者本人とプランニングをして、そのプランニングに基づいて私どもが連携をしている生活支援事業者と会議を持って、例えば自宅から施設に入所というような際には、自宅の処分をどう考えるのかというような生活支援をします。それがワン・ストップ型の、例えばオンライン相談による空き家対策ということになるわけです。シニアとこの事前のプランニングによって、施設への入所の際に自宅処分の契約を締結しておきます。担当のホーム・ロイヤーは、各士業と連携して土地家屋調査士であれば、境界確定するとか、それから買い手を探す不動産業者であるとか、さらには欠陥部分があれば、その部分について改築をするための建築業者を、登記をするための司法書士を、相続税とかそういったものに対する、この場合であれば不動産譲渡所得税について、税理士等、これらの方々とテレワーク会議によってワン・ストップの解決を図ろうという構想です。

従来、空き家対策が実現できなかった理由というのは「空き家になった後に問題としたからだ」と考えています。そうであるならば、空き家となる前の段階、つまり事前のプログラムに応じた対処をしていくべきと考えているわけです。その結果、空き家対策が事前に行え、件数の確保ができ、かつ多くの生活支援事業者にも付加価値を実現することが可能になるということです。こんなワン・ストップ型のオンライン相談による空き家対策を考えていることをご紹介して、弁護士としての個別具体的かつミクロレベルからの説明を終えさせていただこうと思います。ご静聴ありがとうございました。

第2部

高齢者学各論

――各論の最初は、医療、特に老年医学の専門家、飯島勝矢さんです。高齢者をめぐる医療の課題はさまざまですが、飯島さんは、誰もが加齢とともに直面する、「心身の弱ってくる段階」（英語でフレイルといいます）を特に重視し、かつてのように人は加齢とともに衰えていくという一方向の見方が実は正しいものではなく、フレイルの状態からの回復が可能であること、フレイル予防ができることを、全国で説いています。第1部で秋山さんが説明したように、現代の高齢者は、かつての高齢者像と異なっています。それを、飯島さんは医学的な証拠で裏付けてくれます。

1 老いることの意味を問い直す
――フレイルに立ち向かう

東京大学高齢社会総合研究機構 機構長
未来ビジョン研究センター教授
飯島勝矢（老年医学）

皆さんこんにちは。飯島と申します。「老いることの意味を問い直す」ということで、僕自身、実は数日前に誕生日を迎えまして、五七歳なんですね。いや、拍手をもらうほどのことじゃないです。「老いることの意味を問い直す？　五七歳のまだ若いやつが何言ってんだ」と思われるかもしれませんが、研究者としても、さまざまな研究と普及啓発をやってきました。そこで、本日は**「フレイル（frail）」**という話題提供をしたいと思います。

ちなみに、このフレイルという言葉を今日初めて聞きましたという方は、どのぐらいいらっしゃるか手を挙げていただけますか。少しの方々ですね。一方で、理解度はまちまちだけども、大なり小なり聞いたことありますよという方はどのぐらいいらっしゃるんですか。そんなに、いらっしゃるのですね。嬉しく思います。ありがとうございます。今日、限られたお時間ですが、分かりやすくご説明できればと思います。

実は私、東京大学の中で高齢社会対応のまちづくり全般を総合研究する研究機構のリーダーをやっております。同時に東大病院の高齢者医療を専門にしている医師です。三〇代ぐらいのまだ若い医師だった頃は、このように健康管理をしたほうが良いですよと助言しておりました。しかし、今現在は、人生の大先輩であるご高齢の患者様を主治医として診ている場面もありますが、同時に自分と重ね合わせて、学ぶことも多いのです。すなわち、処方箋を渡しながらも、「このような高齢男性になりたいなあ～」という患者様も沢山いらっしゃるのです。例えば、二カ月に一回、東大病院の外来に通院するだけのために、スリーピースのスーツを着てくる九〇歳の高齢男性患者様もいらっしゃるのです。このような方を見ると、「自分はこの年齢になっても、はたしてこのように身だしなみをしっかりとできるのかどうか」と、自分を重ね合わせたりもします。

さらに、もう一つの話題を提供します。私の午前中の外来において、「外来終了後、本日の午後は何をする予定なの？」とさりげなく聞くんですよ。そうすると、付き添ってきた奥様の方を見て、「今日の午後は何するんだっけ？」と、返事に困っている人もいれば、「文京区本郷にある東大病院に来ましたから、上野の松坂屋へ寄って帰る予定です」という、いわゆる自分の予定を「マイプラン」として持ってる人に分かれるようです。それから、「次回の外来の予定は来月の何月何日で良いですか？」と聞くときに、これも二パターンに分かれるようです。「いつでもいいです。毎日、いつでもスタンバイＯＫですから」という人と、自分のかばんからミニ手帳を出して、「ちょっとそこは仲間と旅行に行くので、一週間ずらしてもらえます？」という方とで、二パターンに分かれるのです。

いわゆる、今日の午後にやるスケジュールを自分で持っているとか、それこそ、一、二カ月後の自分のスケジュールを持っているという方。そういう方々と、そうじゃない方に分かれます。そうすると、どのような基礎疾患を持っているのかという、いわゆる単なる医学的な問題よりも、何か別の方程式が存在しているように見えてくるのです。すなわち、**老いのスピードやパターンがちょっと違うような感じに見えて**きてしまうのですね。

資料の最初のところで示されているのは、認知症の問題、社会保障費の問題、一〇〇歳以上の方が八万人を超えてきていらっしゃる現実、安心した在宅療養をどう確保するのか、七〇歳までの雇用の問題など、今、日本がいろいろ抱えていると言われることです。その中でも、「高齢者も支え手に」という点にフォーカスを当てたいですね。偶然、何かに出会えて地域貢献活動をできるとか、人（他者）のためになるとか、みんなでワイワイと街づくりのために活動するなど、このような**「場と機会に出会えた方」**――もしかしたら今日お集まりの方の大半は出会えた方――なのかもしれませんね。一方で、**今日来られていない多くの方々はそういうものに出会えていない**可能性もある。出会えない方の場合、本人のアンテナが低いのか、その人がもっと地域の中でいろいろ探そうという気持ちを持てていないからなのでしょうか。それとも、そういうアンテナを多少なりとも持っていたとしても、何も地域には見つけられないのか。どっちなんでしょうか。これを今日、全体の話の骨格にしたいなと思います。

フレイルという言葉の意味

フレイルは虚弱という意味で、実は七、八年前に世の中に出した言葉なんです。そこで、介護予防という言葉はすでにご存知ですね。要介護にならないように、ということですね。これを国を挙げてずっと長年やってきました。頑張ってきた部分もいっぱいあるのですが、もう一回り、しっかりとした結果を出したいのですね。すなわち、いろいろと課題もクリアに見えてきているのです。従来の介護予防を踏まえ、このフレイルという考え方によってさらに底上げし、新しい風を入れて、大きな歯車を回せれば、と狙って世の中に出した概念なのです。言い換えれば、フレイル概念により、より早期からの介護予防を実践し、多くの国民の方々に前向きな明るい気持ちで予防意識を高めてほしい、ということも狙っているのです。

もともと、片仮名で医学の世界から出てきた言葉として、**メタボ（メタボリック・シンドローム）**がありますね。一般の方々で、このメタボの診断基準を言える方はなかなかいらっしゃらないですが、国民の多くの方々に普及して、一般言語化したわけですね。

次に出てきたのが、足腰の悪い、**ロコモ（ロコモティブ・シンドローム）**。そして、三番手として出てきたのが、この**フレイル**という言葉であり、これは医学界・医療関係者だけが使う言葉にするつもりは全くなく、むしろ、行政の方々も、そして多様な業態の産業界の方々も、幅広く使ってほしいのです。そして、このフレイルという言葉で「まち全体、地域の多くのみんなが同じ方向を向く、同じ意識を持てる」という雰囲気にしたいのです。何の疾患を持っているのか、どの臓器にどのような病気があるのか等々、そのような具体的な内容は医療関係者を中心に考えていただき、まち全体としては快活なムードになってほしいのです。

そこで、このフレイルという意味は「加齢変化によって体力、気力が弱まってる状態」なのですが、このように言ってしまうとどう思いますでしょうか？　例えば、八〇代半ばの高齢患者様でも、「そら、先生、そう言ったってもう俺八五なんだぞ。もう無理に決まってるじゃないか」とか言って、年齢を理由にして話が終わっちゃう。しかし、八〇歳代の方でも、前向きにフレイル予防に向き合うと、確実に心身機能が若干でも改善してきたり、しっかりと維持できたりするのです。つまり、**年だからしょうがないじゃないかという考え方。そこに一石を投じて、新しい雰囲気を醸成しようとしたのがこのフレイルなんですね。**

フレイル――三つの注目点

フレイルの考え方に関して、簡単にご説明しますね。一つ目が、老いの坂道の図における「中間の時期」ということになります。だけど基本的にご心配なくということです、何でもかんでも健康だというわけでもなく、要介護で人の手を借りてやっとこさというわけでもない、**フレイルはちょうど中間地点なのだ**ということです。この中間地点は、ややもすると、この老いの坂道の傾きをよく見ていただくと分かるんですけども、最初はゆっくりだけどもこういうふうに途中から急に落ちていく勾配（角度）が急峻になっていくのです。これのちょうど角度が多く早まる所に近い所なんですよ。だからややもすると、すごい勢いで落ちやすい。ちなみに、この健康（健常）という時期は、高血圧や糖尿病などの薬は飲んでいるくらいのレベルは、この健常グループに位置づけられるのですよ。

しかし、この**中間の時期は、「可逆性」がある**。こっち側に戻せるんだ、まだ戻せる余力を持っているのですよということで、より早めに気付けば気付くほど粘ることができます、十分まだ戦えますよというメッセージが盛り込まれております。しかも、**「多面的」**といって、このフレイルという状態は、実は多面的に捉える必要があります。

まず身体的フレイル、すなわち身体のパーツが加齢変化で衰えていくわけです。その最たる代表格が、足腰の悪い「ロコモ（ロコモティブ・シンドローム）」です。膝の関節が変形しているから、階段の昇り降りが厳しい。腰が痛い。長距離を歩くと息切れするようになってきちゃった。ある臓器にちょっとした病気が出てきてしまったという、身体の衰え。わが国日本は、そこを中心にずっとやってきたという経緯があるんですね。

そうすると、筋肉維持のためにはタンパク質をしっかり摂りましょうとなります。それは間違いではないですよね。筋肉維持のために食べた方が良いのは「おまんじゅう・ところてん」という話はないじゃないですか。やっぱり筋肉維持のためには、タンパク質、すなわち、お肉、お魚、大豆タンパク、卵などが有名な代表選手ですね。あと、筋肉維持のためにタンパク質をなるべくたっぷりと、ということと、運動習慣を持ちましょうということはずっと言われてきましたね。これは間違いじゃないんですよ、間違いじゃない。しかし、それは単なる各論の一個を言っているだけにすぎなくて、パズルで言えばワンピースでしかないと思います。しかもタンパク質をしっかり摂りましょうと言われても、急にダイナミックに食事を変えることもできないし、なかなか現実は難しい側面がありますね。

そこで、いいですか。タンパク質って、きょう一日どのぐらい摂ればいいと言われているんでしたっけ。皆さんご存知ですか？　タンパク質をなるべく摂ってくださいというのは当たっているんだけど、なるべくというのは漠然とした表現ですよね。もっと根拠立てて決まっているんです。それは、何十歳代だからとかではなくて、体重で決まっているんですね。体重で。

答えは一日で**体重一キログラムあたり一・〇〜一・二グラムです**。ただし、これは最低限の目安になります。しかし、筋肉の衰えが危惧される方は、それより多く摂るべきなのです。具体的には**体重一キログラムあたり一・二〜一・五グラム**くらいを目指しましょうということになっております。さらに、食材、例えばお肉一〇〇グラムを摂った場合、実際にその食材の中のタンパク質含有量としては多くて二割程度なのです。そのギャップを知っておいた方がいいですね。すなわち、タンパク質の代表格の食材でも、思っているほど含まれていないことも意識しましょう。しかも、摂取したタンパク質が実際に筋肉になってく効率が高齢者は低くなるという調査結果があるので、高齢者になればなるほど少し背伸びをしてタンパク質を含む食材を摂取することが大事です。

このタンパク質の話だけで一時間になっちゃうんで、今日は細かくは言わないんですけど、全てに根拠立てた話（つまり医学的な証拠）があるんです。それが介護予防も含めて、十分それがきちんと国民に下ろされてないんですよ。最終的には、なるべくいっぱい歩いてねとか、なるべくタンパク質も含めてしっかり食べてくださいよというふうに言われているんです。だけれども、しっかり噛んでしっかり食べましょうとか、なるべく体を動かしましょうとか、なるべくお仲間とワイワイとやりましょうという話は全国民がみんな分かっているんです。どこまでやれているかどうかは別ですけど、みんな分かってる。しっかり噛んでしっかり食べると、むしろ体に悪いんじゃないかと思っている人はこの世にいないんですね。だから、もう国民の意識というのはそこまで来ているんだけれども、もう一歩先に行かない。なぜか。具体的な、根拠立てた話が全く下ろされていないからなんですよ。

タンパク質についても四つぐらいしっかり伝えなければならない話があるんですよ。あと、タンパク質というのは、単なる食事の栄養素ですから、食事ということを一つとっても四つぐらいあるわけです。**特にご高齢の方々において。四つ。トータルのエネルギー摂取の問題、食品多様性の問題、タンパク質の問題、そして、筋肉といったらタンパク質というようにもう一個、ビタミンDの問題**。この、少なくとも四つは最低限のことが分かっていたほうが、必ずプラスになるわけなんですよ。だけど、しっかり噛んでしっかりタンパク質を食べましょうということしか言われていない。

一方でウォーキング。なるべく歩きましょうと言われてきましたよね。いっぱい聞きますよね。この世の中に、なんで歩くんだよ、足が悪くなっちゃうじゃないかと言う人はいないんですよね。ウォーキングはいいとされているんですけども、筋肉維持、すなわち筋肉の衰えという現象を医学用語で「**サルコペニア**」と呼ぶのですが、ちょっと難しい言葉ですね。でも、フレイルという考え方とセットで覚えてくださいね。この筋肉の衰えに対しては、ウォーキングのようなものをやり続けても、それだけでは十分抗(あらが)うことができないということは、もう証明されているんですね。なぜならばという根拠があるんです。だけど、巷では、なるべく歩きましょうということしか言われていないわけ。ここのギャップをどうにかしようとした、というのが僕自身のいろいろと手を打ってきたという経緯なんです。

このように、先ほど言ったようにフレイルというのは、あらためて介護予防の話をもうひと回り、より具体的に、しかも多面的な社会性も込みで立体的に意識してもらって自分の日常生活を見直して、それこそもう一歩理解を深めてほしいな、というふうにしようとしたわけですね。

筋肉の衰え「サルコペニア」

われわれの身体における筋肉の衰えを「サルコペニア」と言います。きょうはフレイルという言葉だけで精いっぱいなら仕方ありませんが、ぜひとも余力のある方はこの話を覚えておいてほしいと思います。なぜかというと、フレイルの話をしっかり分かってもらおうと思うならば、このことをよく知らないとできないんですね。**フレイル予防というのは言い換えれば、サルコペニア対策というものをどれだけやれるかということ**に、大きく依存するわけなんです。

筋肉の話も、かいつまんでなんですけど。年齢には勝てないんですこれは、絶対に。四〇代ぐらいの方でもどんなに頑張っていても年間〇・五—一％ずつは減ってきてしまう。だから、運動習慣がない方とか、タンパク質の摂取量が不十分な方は、もっと大きな下げ幅で落ちていっちゃうのですね。しかも、ご高齢の方々は短期間の入院、例えば一泊か二泊の入院だけで、ほぼ一年間分を失うとされているんですね。これ、全世界からデータが出ているんですよ。入院というのは治療にとっては重要なんだけども、失うものも大きいんですね。しかも、ご高齢の二週間の寝たきりっぽい生活というのは、同世代ですごい頑張っている方（例えば、今日もゲートボールです、週末はゴルフに行きたいです、来週月曜日はみんなでわいわいこれやりますという、日常がとってもアクティブなご高齢な方）と比べると、この**アクティブな方々が五―七年間かけてゆっくりと減少していく筋肉を、二週間の寝たきりであっという間に失ってしまう**と言われているんですね。すなわち全身に付いている筋肉というのは、医療機関の人間ドックとか、健康診断とか、行政の方が公的にやってくださってる市民健診というものでは、直接、見ることができないんですね。

なんでかというと、肝臓の機能どうですか、腎臓の機能どうですか、心電図どうですか、レントゲンで肺はどうでしたかという、パーツの臓器は健康診断というのは見ているのですが、自立度を維持していくための、全身に付いている大小の筋肉という、ある意味、重要な臓器と呼んでいいような部分を健康診断では見ていないんですね。しかし、自立度を落としていく最大の要因なのですね。

しかも、先ほど、ウォーキングだけでは無理なんですよというのは、根拠があると言いましたよね。きょう、午前中もう二時間ぐらい歩いてきたのに、なんでよ、そんな悲しいこと言わないでよという方がいらっしゃるかもしれませんけど。ウォーキングは平地歩行なので、ふくらはぎはすごい頑張っているのです。一方で、太ももの前の筋肉（正式には大腿四頭筋という名前）が全く活躍していないわけじゃないんだけれども、十分に鍛えているうちに入らないんですね。具体的には、ウォーキングという動作は、たっぷり一―二時間ウォーキングすると、血の巡りも良くなって、血圧も下がって、うっすら汗をかけて、はあ気持ち良かったわという感じになるじゃないですか。あれはあれでとっても重要なんですよ。だけど、太ももの前は鍛えられない。でも、自立度を維持させるためには、ここ（太ももの前の筋肉）をどう制するかなんですね。確かにこの部分だけで生きているわけじゃないんだけれども、当然ふくらはぎ、膝から下も重要なんだけども。でも、自立度をしっかり維持するためにはメインはここなんですね。それを、ウォーキングでは十分、鍛えられないわけです。そういう根拠立てた話があるのです。だから、多くの人が好きではない筋トレも重要な位置づけになってきます。高齢者向けの、テーブルに手を添えながらのゆっくりなスクワットみたいなものですね。たしかに、単純で面白くなくて嫌いになっている方も少なくないと思います。だけど、太ももの前を鍛えるためにはああいう動作を入れないと鍛えられてこないわけです。ですから、なるべく歩きましょうねということだけでは解決しない話なんです。当然、膝の関節の問題とか、いろいろ抱えているレベルが違うので、それはレベルに応じてということにはなりますけども。やっぱり全て根拠立てた話を、もうひと回り、僕のフレイルの話で具体的に伝われば嬉しいなあ、と思っております。

筋肉というのは、ある病気で入院して、がくっと落ちてしまうこともありますけど、普通の日常生活の中でもだいぶ減ってしまうのだということです。その最たるものが、災害時のときの避難所。熊本地震の時も、東日本大震災の時も、そしてもうだいぶ前になりましたが阪神淡路の大震災の際も。必ず、避難所生活になると減りやすいわけですよ、筋肉は。それと今回の二年半にわたるコロナの自粛生活においても、筋肉をだいぶ失ったとされているんですね。それでわれわれ研究チームもその生データを科学的な論文として出しているんです。

フレイル予防のポイント

そこで、このグラフはですね、ちょうど三、四年前にＮＨＫの「ためしてガッテン」に呼ばれて出たときに使ったものです。フレイルを中心に、特に社会的な要素からの視点でいろいろ話題を盛り上げたいんだというＮＨＫ番組担当者からのリクエストだったんですね、その番組。しかも、いろんな科学的根拠を、ちゃんとデータを示しながらやってほしいというリクエストだったので、そうですかと。**社会的な視点から見たフレイル**を盛り込みながらの老いという話ですね、と。そこで、いくつかのデータをＮＨＫ側に見せて、どれがお好みですかねと言ったら、このグラフを番組内で使わせてくださいということになったものなのです。

これ、グラフがいっぱいあってよく分からないので、簡単に説明しますね。関東のある市町村において、自立されているご高齢の方全員のデータです。研究協力しますという人だけじゃなくて、全員約五万人分です。この高齢者全員の三種類の活動を、日常生活に習慣化されてるかどうか（すなわちコンスタントに毎週できているかどうか）を調べて、○×を付けたものです。

第一が運動習慣。例えば僕自身、運動習慣があるかというと、実は無いのですね。毎日、今日も明日もとかというのはなくて。たまに土日、気分が乗っちゃったから一万—一万五、○○○歩ぐらいウォーキングとジョギングをやっちゃって、翌日の月曜日は下半身ぱんぱんで、こんなロボットみたいな歩き方になっちゃって、また二週間ぐらい何もやらなかったりみたいな。これは習慣化ではないですよね。だから、どんな形、どんなペースでもいいので習慣化しているかどうかを見たのです。今日もやったから明後日はこう。そういうことを質問して、○×。

二つめが文化活動。囲碁、将棋でもいい、何でもいい。その○×。そして三つめにボランティア・地域活動。これもさまざまですよね、○×が。こうやって調べると、オール○から、ちょい×、オール×まで、いろんな掛け合わせのグループ（合計八つ）がいらっしゃることになります。皆さんも、あたしはここのグループだとか、俺はあそこのグループだみたいな方、いらっしゃるかもしれませんね。この棒グラフは今日のテーマである「虚弱、すなわちフレイル」の危険度を、相対的なリスクの高さとして棒グラフで表しています。リスクですから低いほうがいい。やっぱりオール○の人は素晴らしいんですね。理想的なんです。だからそういう全部○の人を、このグループが、一番リスクが低いんで一としてみると、まずオール×はフレイルのリスクが約一六倍になります。

番組の中で総合司会の志の輔さんが、「飯島先生、一六倍ですか。怖いですね」という話だったんですけど。いや、僕は一六倍に驚いたんじゃないんですよ。想定範囲内です。むしろこの、赤枠で囲った二つのグループ。これを比較したときに、へえ～と思ったんですよということで、番組の中で説明しているんですね。

まず左の赤枠は運動習慣を全く持っていませんという人たちです。だけど文化活動、地域活動はしょっちゅうやっていますというグループ。一方で、右の赤枠は運動習慣ばりばりだというグループです。今日も一万歩、明日も一万歩、明後日も一万歩という方。だけど、文化活動、地域活動はやっていないという方。この二つのグループを比べてみると、フレイルの危険度を比べてみると、二・二と六・四。すなわち、運動習慣だけ、しかも一人で黙々と運動習慣という方々がいっぱい入ってるわけです、ここに。**この運動習慣だけという方々のほうが、約三倍危険度が高いという結果になった**ということなんですね。果たしてこれを総合的にどう解釈するのか。

もうお分かりの方、お察しの早い方がいらっしゃるかもしれない。運動習慣が完全に否定されてしまったわけではないです。運動習慣を全くやらないグループよりは、運動習慣を、しかも一人で黙々とでもいいから持っているなら、一六倍から六倍までリスクが減るんですね。だから、やり続けられる方は、運動習慣を毎日の日課のようにできる方はずっと一生やったほうがいいんですけども、ただそこに僕がこの番組の中で強調した社会性が持つ重要性として、**「もう**

二、〇〇〇歩多く歩くかどうかということよりも、むしろ誰と歩いているんでしょうか」ということが重要だと思うのです。そして、「**一緒に歩いた人と次に何が待っているのかというほうが、あなたにとってのフレイル予防に大きく資する**」ということを強調したいのです。

ですから運動習慣をやっても無駄、やっちゃ駄目だよということを言っているんじゃないわけです。そして、誰とやっているのかという視点から考えますと、むしろもう一つのグループからのメッセージのほうが大きいわけですね。「**運動習慣をたとえ持っていなかったとしても、文化活動や地域活動をしょっちゅうやっているだけでも十分戦えていますね**」ということを言っているわけです。この文化活動、地域活動に代表されることは、普段から地域に出ていて、人とつながっていて、典型的な運動を全くやっていないんだけども、結果的に動いているという可能性が非常に高い。この「結果的に動いている」というところに重きを置いているわけです。

つまり、健康のために、健康に資するんだと明らかに言われているもの、例えば、食事のこと、運動のことなど、それをやるのは、当然やったほうがいいんだけれども。結果的に健康に資する状態、日常生活を送れていたということも非常にばかにならないことをこれは表してるんですね。

そこで、もう、まとめのほうのスライドに入っていきますね。**フレイル予防のための三本柱「栄養、身体活動、社会参加的なもの」**の、いわゆる三本柱をモチーフにしてですよ、今、次のスライドのように、このフレイルサポーターという住民高齢者のパワーを全国展開しているのです。

すなわち、専門職種が何かをやってあげるのではなくて、住民の、特にご高齢の方々がフレイルサポーターとなり、高齢者同士だけでわいわいと楽しみながら、同時にしっかりと多面的な衰えをチェックし合う、という世界観でやってくれているのです。

実は、ここ武蔵野大学のある西東京市は、「住民フレイルサポーター主体の健康長寿まちづくり」の取り組みを都内で一番最初に導入してくださった地域なのです。そこで真っ先にこのサポーターたちが誕生されてもう何年も経っています。今、全国の多くの導入自治体の中で、日本の代表モデル的なレベルで活動してくださっているんですね。今日は写真をお見せするだけですが、このような笑顔と活気ある雰囲気でやってくれてるんです。

他では、例えば高知県仁淀川町で、フレイルサポーターを養成してもう数年経っています。これ、一般市民の皆さまは覚える必要ないんですけども、短期集中C型リハという、ある行政の施策があるんです。それをサポーターだけで実現できちゃうんじゃないのという発想の下、自分たちで足腰を鍛えるこのトレーニング内容を学んで、**自分たちでご高齢の方々同士の中で、しかも特に「八〇代九〇代の人を六〇代七〇代の下の層の高齢者の人たちが一緒にわいわいと支援しながら」鍛えていく**という自分たちオリジナルのハツラッツ体操を作って、三カ月間集中的にやってくれているのです。そうすると、専門職種が実践している短期集中C型リハでの結果とほとんど同じ結果が、高齢住民同士だけの取り組みでも出せることが分かったのです。驚きですね。まさに、ついこの間、私に報告が上がってきた情報なんです。

そこで、この高知県のあるフレイルサポーターの方がこういうことを言ってくれているんですね。途中の文章だけを抜粋しますが、**「われわれ仁淀川町のフレイルサポーターは、自分たちの活動をあえて『事業』という言葉で呼びたくありません」**と。なぜならば**「『事業』と名前が付くと、財源ありき、国や県の制度ありき、その事業がなくなったら、おしまいということになりかねませんから」**というふうに言ってくれているわけです。ですから、**「自分たちのこのフレイルチェックの活動をしながら、自分たちで暮らし続けるための仕組みを考え、いろいろ汗を流しているんだ」**ということを言われているのですね。

特に足の筋肉を鍛えるため「三カ月のC型プログラム」というものをみんなで勉強しました」と。そして、やっぱり、**「なんといっても本人のやる気、モチベーションの維持というところが結構勝敗を分けるんだ」**というふうに言っている。そこで彼らの取った作戦は、六〇代七〇代のフレイルサポーターたちが、八〇代九〇代をどのようにサポートしてやっていくのかという課題を見出し、彼らは自分たちの力でデザインしてやってきたわけです。

ここに、**「仲間と一緒ならばこのハードなプログラムだってクリアできそうです」**とのコメントも出ています。特に六〇代七〇代のこの取り組み、はたしてこれを都内で実現できるんでしょうかね、高知だからなんでしょうかね。八〇代九〇代の方のおうちに上がり込んでやっていたりする場面もいっぱいあるわけです。なかなか都内では難しいですよね、他人の家に上がり込むというのはね。そこ、ちょっと地域差というものもあるかもしれないなとは思います。このように彼らが言ってくれているわけです。**「以前よりも『地域で高齢者を孤独にさせない、地域のつながりをつくるんだ。』という、フレイル予防活動がより一層活発になっている。お互いに元気をもらいながら、気付き合える場になっています」**ということなんですね。

最後に、まとめたいと思います。僕は今、全国で養成して一緒に頑張っているフレイルサポーターだけが真の答えだという言うつもりは全くないですよ。単なる一つの案というか、一つの選択肢だというふうに思っています。でも、彼ら住民サポーターが持っているもともとの潜在能力というのはすごいんですよね。そこら辺をどのように引き出して、しかも住民主体という流れをうまく底上げできるのかは、これからの大きな課題、大きな地域の宿題かなと思っているのです。

以上、フレイルという新しい考え方の話と、その考えの下に全国で頑張ってくれているフレイルサポーターたちの姿をお伝えしました。そして、彼らフレイルサポーターが頑張っていますね、というだけに終わらせるのではなくて、この**住民活力の魅力と底力**というものを、皆さまの地域で、果たしてどのように活かしていけるかという部分を今後も一緒になってディスカッションできればなと思います。ご清聴ありがとうございました。

――第一部で辻さんが強調していたように、高齢者とその家族にとって、さらに社会全体にとっても、認知症患者の増加は大きな問題です。看護の立場から患者に接してこられた菊地さんから、認知症の現状についてお話を伺いましょう。

二　高齢者の健康と認知症

武蔵野大学看護学部看護学科教授
菊地悦子

はじめまして、私、武蔵野大学の看護学部で、老年看護を担当しております菊地と申します。本日、高齢者の健康と認知症というお話をしようと思っています。私は、認知症の看護といっても、施設に入られている方や終末期の方を対象とした高齢者ケアや教育が、主な研究の分野なんですけれども、この古稀式に参加されているのは、七〇歳の方が中心ということで、これから皆さんがかかるもしれないと心配されている認知症に関して、少し情報提供ができたらと考えて、資料を作成してまいりました。早速、始めたいと思います。

最初に、看護という言葉というのは、多分、一般の方に少し分かりづらい部分もあるのかなと思いますので、簡単にそのご説明をさせていただこうかと思っています。

看護とは何か

看護は、健康に関わる仕事です。**看護は、あらゆる年代の個人、家族、集団、地域社会を対象**

として、健康の保持、増進、疾病の予防、健康回復、苦痛の緩和を行い、生涯を通じてその最期まで、その人らしく生を全うできるよう援助を行うことを目的に、私たちは学んだり、研究をしたり、学生の教育に当たっております。

看護の教科書の中に、高齢者の健康について書かれているところを抜粋してみました。加齢、年を取れば、おのずと体の中に変化が生じてまいります。加齢による心身、社会的変化を持ちながらも、その人らしく生活していく健康状態を維持し、老年期の新たな健康課題に適応する力、するための体力、気力を持ち続けられ、新たな生活を創意工夫できること。徐々に身体機能は衰えていきます。判断する能力も衰えていきます。そんな状況を受け入れつつも、自分らしい生活をどうやってしていくかといった、そういうふうなところが高齢者の健康として、教科書の最初のところに書かれています。

具体的に言うと、例えば、**病気や事故が予防できること。それから自分の生活する能力が維持できること。あとは心身の活動性が維持されること。**これは多分、フレイルの話のところ、動くことにいろいろなメリット、健康にとっての良い面があるとお話があったかと思います。そして社会的なつながりが継続でき、人との交流を持ち、社会の中で役割を果たせること。生きがいや楽しみを持ち、生きる喜びを感じられ、生きる気力を保てること。自分がしたいことがあり、それを実施できる体力、気力があること。おいしく食べ、気持ち良く排せつでき、適度な運動と良好な睡眠、休息が得られて、心身の状態が安定しており、生きる意欲があること。私たち看護職というのは、支援をする対象の方が、今述べたようなことが実現できているかを見ていきながら、看護の専門家として、どのような支援をしていったらいいのかを考え、実践する仕事だと思っていただけるといいかなと思います。

おいしく食べるためには、体はやっぱり健康じゃないと、おいしく食べられません。気持ち良く排せつできるということもそうです。食べて、排せつする、動く、全部つながっています。そういった中で、より良く自分らしく生きていくための支援を考えながら私たちは仕事をしていると思っていただけるとありがたいと思います。

高齢者のイメージとその変化

まず、看護の学生に最初に老年看護を学んでもらうときに、「高齢者ってどんなふうな特徴があるんでしょうね」と問いかけ、高齢者のイメージを書いてください、と。二年生の最初の授業で伝えます。そうすると、例えば、腰が痛いと言っているとか、少し姿勢がこうなっているとかを、多くの学生が書いてきます。あと反面、知恵を持っているとか、若い人に対してすごく親切にしてくれるとか、自分が今まで接してきた高齢者のイメージの中で、高齢者ってこんな感じかな、と。だけど、例えば強引に道を渡るとか、そういうのもあったりします。いきなり道路を渡らないでとか。せめて後ろを振り返ってから渡ってと思うとか。**それぞれに、なんでそういうふうな行動になるのかという理由があります。**そういうところを看護は学んでいきつつ、高齢者を理解していきます。

日本においては**七〇歳という年齢は、昔に比べると健康状態ですとか、活動能力というのは非常に高くなっております。**毎年、高齢者白書は、厚労省、内閣府から調査結果が出るんですが、特に六五歳以上、七〇歳代の女性の新体力テストという、握力を測ったり、上体を起こしたり、台で前屈したりとかという、あの点数というのが上がっているんですね。昔の高齢者のイメージよりも、ぐっと七〇歳の方たちの健康状態というか、体力というのは高くなっています。

看護学科の学生は、援助が必要な人に援助をしようと思って看護学科に入ってくる人が多いわけですが、実際には**六五歳以上の高齢者、九割以上の方が自立した生活を送られてます。**私たちは病院実習にも行くんですけれど、九三歳で一人暮らし。それでおうちの中で転倒して、今回は骨折の治療で入院されました。できれば、ここでちゃんと治療を受けて、もう少し家で一人で暮らしたいという方もたくさんいらっしゃいます。

認知症とは

今日のテーマである認知症ですが、それは、**一度正常に達した認知機能が後天的な脳の障害に**

よって、持続的に低下し、日常生活や社会生活に支障を来すようになった状態を指します。それが意識障害のないときにでも見られる。最近改訂された『認知症ハンドブック（第2版）』（医学書院・二〇二〇年）という本の中には、このように書かれています。また、介護保険法では、脳血管疾患、アルツハイマー病、その他の要因に基づく脳の器質的な変化により、日常生活に支障が生じる程度にまで、記憶機能およびその他の認知機能が低下した状態というふうに書かれています。

実際に、こう診断されて日常生活に支障が生じている人たちがどれくらいいらっしゃるのかというと、以前に言われていたよりも、将来の予測数が少し増えると、言われています。令和七年、二〇二五年の推定の患者さんの数が、六七五万人とか七〇〇万人とか言われてますが、六五歳以上の人の約一九％から二〇％、五人に一人という数になりますね。予防政策が進んでいないわけではないんです。そうなんですが、現実にはこれだけの予測が出ているということは、こういう予測を自分たちが受け入れて、社会をつくっていかなきゃいけない。地域をつくっていかなきゃいけないということだろうなというふうに思います。

そこで、**認知症の症状**なんですが、簡単に抜粋してあります。**記憶障害**、物を覚えておく機能、物忘れとか、新しい記憶が抜け落ちるとか。あと**判断力の低下**、正しい方を選べないとか。**理解力の低下**、新しいルールがのみ込めない。あと**見当識障害**。生活していく上でご本人にとっては非常につらいことです。場所や時間や人が分からないことで、非常に混乱したり、不安になってしまう。ここがどこだか分からない。だから一生懸命自分でそれを解決しようと思っているうちに、どこか分からないところに行ってしまうというのが、この見当識障害です。ご本人にとってはものすごく大変なことだと思います。怖いです。不安です。あとは**実行機能障害**というのは、慣れているはずのことが段取り良くできない。例えば今までずっと八〇年間、八五年間、お食事の準備をしてきた。だけど、できるはずのことが段取り良くできない。こういったことが実行機能障害と言われます。

皆様がお住まいの四つの市（西東京・三鷹・小金井・武蔵野）、それぞれが、独自に『認知症のガイドブック』というのを作っています。それを使ってちょっとご説明したいと思います。「認知症を予防するために」に、生活習慣病の予防に取り組みましょう、適度な運動をしましょう、バランスの良い食生活を心がけましょう、社会参加、人と積極的に交流しましょうということが書いてあります。それと認知症についても次のような記載があります。認知症と言っても、その原因というのがさまざまあります。代表的なのは、アルツハイマー病と言われるものですけれども、例えば認知機能に少し障害が来たかなと思った段階で、それ相応のところを受診すると、診断を受けることができます。原因によっては、それを治すことが可能な場合もあります。ですので、早期発見とか早期受診が大切だというふうに言われています。

でも、**当のご本人にとっては受診の壁、敷居は、非常に高い**と思います。認知症は、これというう治療法がまだないということ、そして、それが進行していく病気だということ、そのことをほとんどの方が分かってらっしゃいます。だんだん日常生活ができなくなっていくってことも分かってらっしゃいます。受診することに意味を見いだせないことで、受診することの敷居が高くなる。

しかし、早めに診断を受けて、これから自分がどういうふうになっていくのかが分かると、早めにいろんなことに関して、例えば自分の財産をどう管理するのか、自分が意思表示ができなくなったときに自分の財産をどうやって使ってもらって自分が生活していきたいのか、など、自分らしく生きていくための準備ができると思います。

認知症——自覚の難しさ

ここに、「**本人には認知症の自覚がない**」と書いてあります。最近何だかおかしいとか。夕食を食べた記憶がないとか。何を食べたか覚えてないというのは、一般的には認知症というよりも普通に起こることです。そう言われても昨日の夜、何食べたっけ、とかは、私でも考えちゃいます。でも、昨日の夜ご飯を食べたかどうかは覚えています。昨夜、ご飯を食べたかどうか分からない、食べたのに食べていないと思ってしまう、などは認知症の症状かもしれません。

けれども、認知症の症状に最初に気付くのは本人であるとも言われています。私たちは、初期に診察をする病院の外来に、学生と一緒に実習に行くんですが、受診される方はものすごく緊張して来られていると実感します。そのうちの何人かは年相応の記憶障害ですよと言われて、ものすごく安心されて帰る方もいる。反面、脳のＣＴで、担当医がアルツハイマーだな、これはという方に「今日、この人にこれをお話してもいいものかどうかは、やはり非常に迷う」と。初診では医師と患者さんの間に「関係性がないですからね、まだね、初めての受診なので」とおっしゃっていました。

ここに「アルツハイマー型認知症の進行例」と書いてありますが、早期に薬物療法をすることによって、ある程度、日常生活上のいろんな実行障害、つまり、生活上支障がをきたさないような時期を長くしていくということが可能な場合もあります。どこの市のパンフレットにも書いてありますので、ぜひまだご覧になっていない人は見てください。私たちの市ではこういうふうな健康課題に対して、こういうふうな支援をしていますよということが後半のほうに書かれています。こういうところに相談しましょうと書かれています。それは当然ですが市によって違います。あとはここに点数を付ける表なんかがあります。自分でできる認知症の気付きチェックリストみたいな。受診までの流れの説明もありますね。

樋口恵子先生がおっしゃっていましたけど、**地域包括支援センター**が大事ですね。各市で作成している『認知症ガイドブック』のここに書いてあります。大体、中学校区の中に一軒ぐらいですか。そのぐらいの徒歩圏内に、一軒あるかと思います。地域包括支援センターというのは、保健医療福祉の専門職の方がいて、皆さまの困り事によって相談していただけるところで、場合によっては介護保険の代行申請なんかもできる場所です。

認知症予防・認知症への対応

多分皆さん興味があるのが、どのような生活をしていくと認知症の発症を抑えられるのかについての話で、それを期待されているのかなと思いますから、その話に移りたいと思います。

ここに、「認知症の行動、心理症状の発症モデル」と書いてありますが、先ほど言ったように、認知症の中心的な障害は認知機能の低下になります。物忘れですとか、見当識障害ですとか、判断力の低下。そういうふうなもともと病気がある上に、例えば**うまくできないことを怒られたり**ですとか、あとは家族や他人から軽くあしらわれたり、役割のない生活、興味関心を持つことのない生活、ちょっと少しぼけてるからしょうがないよね、やってあげるからみたいな感じの対応や、**いつもの過ごし方へと導いてくれる人がいない**。こうやれば大丈夫というふうなところに導いてくれる人がいないなどが、心理的な症状が出るきっかけになります。

それに、**本人に分かりにくくて緊張しやすい環境**ですね。分かりにくくて緊張しやすい環境は、認知症の方を困惑させます。おうちで生活されている認知症の方が、病気になって急性期病院に入院するというのが、まさしくこの状態だと思います。どこにいるのか分からないし、何されるか分からないし、加えて体の具合が悪いというときには、非常に**本人の不安感ですとか、不快感ですとか、孤独感ですとか、被害者意識ですとか、自信が喪失していきます**。病気になってしまうということは、場合によっては痛みがあったり、熱が出て苦しかったり、せきが出たりということがあるかと思います。あとは、入院されるとお薬を大概は使われると思いますが、場合によってはその副作用によって、非常に強く不安になったり、攻撃的な言動が出てきたり、徘徊したり、不眠になったり、妄想が出てきたり、帰宅欲求が強くなってくると、こんなところは私がいるところではないというふうに思うようになります。そうならないよう認知症の方の入院環境に配慮し、医療スタッフは、認知症ケアを学び実践していくことを課題にして取り組んでいます。

ここで伝えたいのは、**環境は非常に大事**。認知の記憶障害はある、見当識障害もあるけれども、**周りの人たちがどういうふうにサポートしていくかによって、行動とか、心理症状というのがある程度、落ち着いてくる**ことはあります。

私は急性期病院で勤めたこともありますし、介護施設に勤めたこともあります。急性期病院に入院している方は、体の具合が悪い方なので、患者さん自身が病気の症状によってつらい思いをされているわけで、それによっても認知症の症状が悪化しやすいです。私が勤めていた介護老人保健施設では、認知症の方は、入られた直後は、環境に慣れません。だけど、しばらくそこでお互い同じようなスタッフとご本人さまと、ご本人さまが何が好きだとかということを考えながらケアをしていくと、利用者さまは、徐々に気持ちが落ち着いてこられます。

認知症の方に、私たちが有効だと言われているケアとして行っているのが、この**パーソン・センタード・ケア**ですね。看護の学生は、急性期病院の老年看護論実習に行く前、それから地域包括ケア病棟とか、療養型といって比較的長期に入院している施設に行く前に、**相手の価値を認めるとか、独自性を認めるとか、その人の立場に立つとか、相互に支え合う社会的環境を整えること**といったケアの仕方を学んでから実習に行きます。看護の学生は、実習に行くのが大体二〇歳とか二一歳です。高齢者に接したことがないという学生もおります。学生は認知症の方に初めて会うときには、自分自身も怖かったり、困ったりといった思いをするんですけど、二週間の実習の中で少しずつその方を理解するようになり、高齢者の方が、逆に自分に気を遣ってくれるということに気づきます。そういった関係性の中で最後は「認知症じゃないと思います」と言うぐらい、その方の言っていることが分かるようになっていく学生もいます。

次に、**認知症は予防できるのか**という話です。予防できるのであれば、多分、七〇〇万人に増えてはいかないと思います。この分野でも、少しずついろんなことが分かってきているようです。まずは危険因子ですね。**中年以後の高血圧とか糖尿病とか、脂質代謝異常というのは、認知症**

の発症のリスクを上げていくものです。血管性の認知症というのもありますので、この辺は非常に大事なポイントかなと思います。

最近、研究で加わった危険因子の中に、**心房細動とか難聴**なんかが含まれます。うちの母もそうですけど、会話をするのに耳が聞こえないとうまくいかないわけですが、ご本人自身があんまり困っていないことも多いです。自分が聞こえる世界が全てなので「自分は困っていないから補聴器はいらない」という方、けっこう、多いかなと。家で生活している分には困らないし、買い物に行って、ちょっと販売員の方は困ったりする場面もあるんですけど、自分は困らないんですよね。なので、面倒だったり、補聴器の使い勝手があんまり良くないとかという話を聞くと、補聴器を使わない。そういうことも認知する能力が落ちることにつながりますよね。やはり人の感覚というのは非常に大事なので、可能であれば早めからこのような補助的な機器に慣れていただくということも大事だと思います。

アルツハイマー病と中年以後の高血圧の関連は指摘されていますが、例えば八五歳以上の方に関しては、どういう値に血圧をコントロールしたらいいかということについて一定の結論がまだ得られていないというのが現状です。多くの研究が行われており、予防の可能性を示されてはいますが、最もエビデンスが高いと言われている、A群とB群に分けて何年間か調査する介入研究でエビデンスを示すことに成功したのは数えるほどしかないと言われています。

しかし、認知症の予防は、多職種による多因子への介入を行うことでの有効性が示されています。例えば、運動する、きちんと栄養をとる、それから社会参加をするとか、そういうふうな多因子で非常に個別性に合わせた支援をすることによって、発症のリスクが下がるというところまでは明らかになってきています。

また、糖尿病の管理をより適正に行うことで、認知症の抑制が可能かもしれない。血糖管理や運動療法、栄養管理を行うことで、日本人の認知症抑制に寄与することが期待されます。ただし、はっきり寄与すると言い切れるわけじゃないんですよね。期待される、です。他にも、中年期は肥満にならないように、高齢期は痩せないように。樋口恵子先生のお話にも、ちゃんとご飯を食べましょうという話がありましたけど、高齢期は、痩せないように注意することが認知症予防には重要です。**認知症のリスクに生活習慣病や食習慣、運動習慣などが関係していることは確かであると**。ただ、リスクを軽減するためには食事、運動、認知訓練、血管リスク管理など、多面的な取り組みが必要であり、より良い生活習慣を心がけることが認知症予防には重要とされていると、結局、こういう結論です。

認知症研究の成果——運動、食事、社会参加

どういうふうな研究で、どういうふうなところまでが明らかになっているのかというのを、こ

こに具体的にまとめてきました。例えば**運動**です。ここにウォーキングやステップ運動、史跡散策、ハイキング、水泳、登山、適切な運動強度、週に三回程度で一五〇分以上を目標にすると書いてあるのはアメリカの研究です。一、三〇〇人ぐらいを対象にして、早歩き、登山、エアロビクス、筋力トレーニング、水泳など、歩行よりも少し強度の高い運動、それをした群と、それをしない群に分けて追跡をしていった。五〇歳から六五歳以後の方を対象にしています。これに関しては男女ともに、軽度の認知障害、そこに移行していくリスクが低下したという研究結果が出ております。

また、六五歳以上の高齢者を対象とした、これはカナダの研究ですけど、これも高度の身体活動、ウォーキングより強度の高い運動ですね。これを週に三回行った群と行わない群、六年間追跡をすると、認知症の発症リスクが、行った群では三八%低下したという研究結果があります。さらに有酸素運動ですね。これも認知機能の低下を抑制できたという報告がされています。他にも国は違うんですが、高度な身体活動、低度とか中程度の身体活動でも、認知機能の低下は高度の身体活動では三八%、低度から中程度でも三五%のリスクを低下させられたという研究結果もあります。

これらのことから、日常的な運動や身体活動は、高齢者の認知機能障害および認知症の予防において、有効な因子であると考えられるという結論になっています。

それぞれ居住しておられる各市で、いろいろな取り組みがされています。ぜひ自治体の広報誌などを見ていただいて、要は自分がやって楽しいとか、そういう視点で探されたほうがいいと思います。やらなきゃというふうな感じでやると、非常に真面目な方、一生懸命やるんですけども、楽しいという要素が加わらないと長続きしないです。初めは、楽しそうかなとか、知り合いの人が参加しているからとか、そんなんでもいいかと思います。例えば本来ですと、誰かと一緒にやるほうが、予防効果が高いと言われてはいますが、なかなかそうはいかない方は、例えば、トレーニング・マシン一般開放とか、ぜひ参加しやすいところから参加していくといいと思います。

次に**食事**ですね。認知症予防に有効と考えられている食事、サプリメントがあります。よく言われている、青魚ですね。イワシ、アジ、サバ、ニシン、サンマ、これもこういうものをたくさん食べる方と、そうじゃない方を比較すると、食べる人のほうが、リスクが下がったという研究結果が、ここに書かれているものです。

他には緑黄色野菜や果物。あとコーヒー、緑茶と書いてありますが、海外の研究ですけど、一日にコーヒーを三杯以上飲む人のほうが、二杯以下の人よりも認知機能が維持されたというのもあるようですが、カフェインの場合は摂り過ぎると良くないということもあるので、その辺の頃合いというのは難しいかなと思います。このコーヒー、カフェインが入っているから良くないということではなくて、飲む時間も少し考えないと、夜に眠れなかったりとか、そういうことはあるかと思います。日本の研究では緑茶、やはり二杯以上飲む人と一杯の人とを比べると、二杯以上飲む人のほうが、抑制効果が高かったという研究結果が出ています。

それから、地中海料理。これ結構、**看護の教科書にも、例えばどんな食事がいいかというと、地中海料理が出てくる**んですね。これはなんでかというと、魚介類が比較的多く含まれている、オリーブ・オイルを使っている。食事というのは栄養素だけ摂れればいいわけじゃないですよね。先ほど樋口（恵子）先生もおっしゃっていましたが、やっぱり作る楽しみ、食べる楽しみ、材料を見に行く楽しみ、いろんな楽しみ方があると思います。そういうものをきっかけに、表に出て行くチャンスにもなると思います。

次には**適度な飲酒**ですね。これ、ちょっと面白い結果なんですよね。飲酒は少量から中程度の飲酒ですね。これはロッテルダムの研究です。お酒を飲まない人に比べて、アルツハイマーを含む認知症発症四二%、少量から中程度の飲酒をする人はリスクが軽減されたという報告がありました。海外の研究なので、日本人ではどうかということに関しては、研究結果がちょっと見つかりませんでした。特に血管性の認知症では、七〇%軽減したというふうな研究結果が、ロッテルダムの研究では出ています。これは多分、アルコールそのものが血小板の凝集を抑える作用があったりですとか、コレステロールを低下させる作用があったりということで、血管性の危険因子というのが軽減されるからなんじゃないか、と。それに、よく言われていると思いますが、赤ワインに含まれる、ポリフェノールの一種であるレスベラトールという物質なんですけど、そういうものが、細胞内におけるアミロイドベータという、それが沈着していくことによって認知症になっていくという、そういうものを分解する作用があるんじゃないかということが、示唆されています。

ただし、過度な飲酒。これは、神経毒作用があるために逆効果です。特にお若いときにお酒をたくさん好まれて飲まれた方、認知機能が悪くなってくると、だんだん飲んだことを記憶できなかったりですとか、お酒の量をコントロールできなくなるので、私たちもご家族もそういう方と関わると非常に大変なんですけれども、本人自身は体は動きますから表に出かけられます。ところが、例えば春ですと花見に出かけていって、どこかの集団に交じって飲んでしまって、飲んだらコントロール、記憶ができていないということで、帰ってきたら結構けがをしている状態という人もいます。

このような点も早期に診断して、ご本人さまも含めながら、どうやって周りでサポート体制をつくっていくかというのは、認知症が進む前に考えておくことも重要だと思います。ここから言えるのは、少量から中等量の軽度な飲酒は、認知症予防に有効であると考えられる。これ、適度というのも、純アルコールにすると約二〇グラムと言われているので、男性の場合ですね。酎ハイだと350ml、ワインなら200mlぐらいですけど、女性の場合は、アルコールを代謝する機能ですとか、体の大きさなどを考えると、男性の二分の一とか三分の二ぐらいが適量なのではと、厚生労働省のホームページには書いてあります。

それから**たばこ**ですね。喫煙は、これ、いいことないです。喫煙は非喫煙者に比べて、認知症の発症リスクが二・二倍だという研究結果が出ています。

次に、**社会参加**です。研究結果のご紹介ですが、例えばクロスワードパズル、トランプ、組織に参加する、映画とか演劇、芸術活動を実践することなどの余暇活動、これらは、認知症のリスク低下と有意に関連していたということが研究結果で出ています。これも海外での研究ですが。友人や親戚を訪問する、招待する、雑用をする、散歩をする、テレビやラジオを見たり聞いたりする、音楽鑑賞をする、編み物をする、友人以外のところは、どちらかというと一人でするものが多いと思うんですけど、これに関しては、する群としない群で特に有意には関係が見られなかったというのが、現状の研究結果になります。ですが、余暇活動の頻度が高い高齢者は、若年者と同じ程度のアミロイドベータの沈着だったという結果もありますので、やはり日頃の日常生活の中で余暇を楽しむことは、健康に非常に寄与する部分はあると思います。

さらには、**作文とか読書**とかいうのがありますが、作文に関しては、研究の中には、注意力と言語記憶に影響があったというのが見られるんですが、その後の具体的な介入研究、要はエビデンス・レベルが高いという言い方を私たちはするんですけど、根拠が明らかになるような研究では、それほど明らかな効果は確認できませんでした。だからやらなくていいという話じゃないと思いますよ。十分にそういうものが楽しめる方はされたほうがいいかと思います。あとは読書ですね。例えば本を読んで、その後、みんなで話し合うみたいな。これは認知力への影響は観察されなかったという研究結果が現状では出ていますが、他方で、絵本を読むテクニックをお子さんとか小学生に教えるという、そういうことは、発症のリスクを下げたという研究もあります。

多分、自治体によっては三世代交流とかそういうふうな取り組みをされているかと思いますが、ただ自分が楽しむだけではなくて、要は頭を使って考えて、自分の持っているスキルとか経験を、若い人に伝えていくとか子どもに伝えるとかそういうふうなものは、言語記憶が改善されたという研究結果が出ています。

次に、デジタル写真技術の習得、これも効果があったようですね。この中にはデジタル・カメラの使い方とか、編集ソフトを使用するためのパソコンのスキルとかそういうもの、それは**エピソード記憶**、出来事を覚えておく力ですとか、目で見て空間を判断する力、そういうものの維持に効果があったという結果が出ています。

手工芸とかよくされている方も、施設なんかにはおられますね。これは基本的な手工芸のスキルの習得で、これの効果までは読み取れなかったんですが、デジタル写真の技術の習得と手工芸の両方をやると、エピソード記憶というのが、記憶する処理能力の速度、その向上が観察されたという結果が英文の研究論文にあります。関連して、ただ単純にパソコンの使い方を習うことなども、記憶とか遂行機能が改善したという結果が報告されています。クロスワードパズルも言語を流ちょうにしゃべるという力に効果があったという報告も見られます。

したがって、これからどんどん、またそういうふうな研究がされていけば、少しずついろいろなことが明らかになってくると思います。

先ほど紹介した市役所が発行している認知症のガイドブックにもあったように、ある意味では、変だなと思ったときに早めにきちんと診察を受ける、相談に行くということが、今後、自分がしたい生活を実現していくために、非常に大事な部分になってくる。つらいと思うし怖いと思います。ですが、自分がそのことをどういうふうに捉えて、今後の自分の人生を豊かにしていくにはどうしていこうかと考えることが、皆さんの個人的な、しかし大事な意思決定になっていきますので、その辺のところが、今日は伝えられればいいかなと思っています。

最後に、最近注目されているのがｅスポーツ。これを調べたところ、仙台市と東北福祉大学とＮＴＴ東日本が、共同のプロジェクトを組んでｅスポーツの効果を調査し始めたようですね。インターネットを介してチームを組んで対戦するみたいなものだと思うんですが。高齢者でもそういうものが楽しいと思えるかどうかはありますが、好きな人は好きですよね、きっとね。その辺、自分が好きか楽しいかというところから、じゃあ具体的にそれをすると、どういうふうな効果があるのかなというのを併せ持って、自分がその活動をすることは、それが生きがいにもつながっていけるといいんじゃないかなというふうに、私は個人的に思っています。私も考えています、定年になったら何をしようかなと。考えること自体が少し楽しい。eスポーツは無理かもしれない。小説でも書いてみようかな。いや、それはちょっとどうかなとか考えつつ、それよりも朝、取りあえず外に出て、まず六時に日の光を浴びて、夜よく眠れるようにしようかとか。いろいろ考えていますが、近い将来、自分がどういうふうな生活をしていきたいか。皆さん、多分七〇歳という節目で、これから先の三〇年ちょっとの人生をどういうふうに生きていかれるかというようなところの、少し参考になればいいかなと思って、まとめてみました。

そうそう、参考になるような資料をちょっと紹介します。これ、「健康長寿教室テキスト」と書いてあります。フレイルのことなんかも説明されていますし、国立長寿医療研究センターというところで作っています。どんな食事、もちろん人によりますよね、入れ歯が入っていて硬い物が噛めないという人もいらっしゃいますし、食欲がない方もいらっしゃいます。基本、歯がちゃんとしていれば、よく噛んで食べるということもフレイル予防になっていきます。そういうふうな具体的に参考になることが、これ、インターネットから無料でダウンロードできるようになっていますので、こういうものもご活用いただければいいかなと思います。

このテキストの初版の最初のページに、「私たち人間は、成人してから一定の安定期を過ぎると、壮年期の頃から、持続力や筋力が衰え、老いの坂道を下り始めます。この時期は、運動をした時に体力の衰えを自覚することはあっても、実際の日常生活に支障をきたす体力の低下は一般的にはありません。しかし、後期高齢者になると、日常の生活や活動に支障をきたす方が少しずつ増えてきます。『歳のせい』と考えられてきた体や心の衰えの多くは、上手な手入れをすることで、回復したり悪化を予防できることがわかってきました」と書かれていました、ぜひ参考にしていただけると良いと思います。

これで私の話を終わりたいと思います。ご清聴ありがとうございました。

――わが国では、二〇〇〇年に介護保険制度が始まりました。それまで措置と呼ばれてきた介護の制度が、「措置から契約へ」というキャッチ・フレーズの下に、介護保険契約という形になって、私たちは保険料を支払い高齢期に備える、介護が必要になったらサービスを受けることになりました。しかし、現状では、高齢者三、六〇〇万人のうち、介護保険サービスの利用者は六〇〇万人と言われます。六人のうち五人が利用していません。それが、その五人が健康でサービスを利用する必要がないということならいいのですが。そのような点を含めて、介護保険制度について笹井さんに聞いてみましょう。

上手な介護保険サービスの活用法と地域包括ケア

（公財）武蔵野市福祉公社顧問
前武蔵野市副市長
笹井　肇

このワークショップでは、「上手な介護保険サービスの活用法と地域包括ケア」ということで、**「正しく知って利用しよう介護保険」**というお話でございます。

紹介が申し遅れましたけども、私、武蔵野市で二〇〇〇年（平成一二年）の介護保険制度導入のときに、厚生労働省の皆さんや自治体の皆さんと一緒に、介護保険制度の検討や導入準備をしたという経験がありまして、長く武蔵野市で、健康福祉部門に携わってきた経歴があるということで、今日こうした形で皆さんにお話をさせていただくことになりました。

介護保険の概要

今日のお話は、大きく言って二つございます。前半は、介護保険制度の概要と上手な活用方法をお話しします。しかし、介護保険だけでは、皆さんご案内のように、高齢者の生活全般を支えるというわけにはいきませんので、それをどのように、さまざまな形で、まちぐるみでサポートしていくシステムをつくっていくか。今まで、高齢者はサービスの受け手という認識が主流でしたが、今後は、高齢者自身が地域の中でサービスの担い手となり、主人公となるような、まちづくりをいかに進めていくか、ということが後半のお話でございます。

さて、日本全国の人口で六五歳以上の方がどれくらいいらっしゃるか、お分かりですか。大体二九%。三割近くが既に六五歳以上ですから。まさにわが国の主役は六五歳以上の皆さんだということを、まず念頭に置いていただけたらと思います。

まず、そもそも、介護保険がなぜ創設されたかというところを、お話をさせていただきますと、介護保険が創られるまでは、介護は家庭、家族の問題。そして、寝たきりの高齢者が増えてきた。しかも、医療は医療、福祉は福祉という形で縦割りでございました。

しかし、今日の樋口恵子先生のお話にもありましたが、介護の必要性や重要性が高まって、家族、とりわけ女性に介護のしわ寄せがくる中で、さまざまな要因から、二〇〇〇年（平成一二年）に、介護保険制度というのが施行されました。一言で言うと「**介護の社会化**」という言葉がありますが、介護を家庭や特定の人に担わせるのではなくて、社会全体で支えましょうというのが、介護保険の仕組みでございます。

従来は、行政がサービス対象者の決定であるとか、サービスの量を決めておりましたが、介護保険によってサービス利用は、利用者さんと事業者さんの契約が中心になりました。これが、かなり難しい側面もございまして課題にはなっておりますけれども、そういう形で成立したのが介護保険制度でございます。**介護保険制度というのは実は、日本で五番目の社会保険制度**です。まずは、医療保険、いわゆる皆さんの健康保険、これも社会保険です。年金も実は保険なんです。三番目が雇用保険、四番目が労災保険。これを見ていただくとお分かりですが、リスクがあることに対して保険料を事前に払って、何か保険事故やリスクが発生したら給付を受ける、というのが社会保険制度でございます。その五番目が、介護保険です。

実は介護保険というのは、六五歳以上の方だけの保険ではなくて、四〇歳以上の方の保険なんです。六五歳以上あるいは七五歳ぐらいになって、介護サービスが必要になった場合のために、四〇歳から保険料を払っている。介護という保険事故・リスクに対する予防的なヘッジをしている制度ということです。それ以前、措置の頃は、行政が何でもかんでも、ある程度決めておりましたが、利用者本位の自らの選択に大きく変わりました。それまでは老人福祉法という法律と、老人保健法という法律の二本立てだったのが、一体的なサービスの提供。それから、さまざまな民間事業者が入ることによって、効率的かつ柔軟なサービス提供が可能な制度となりました。

社会的入院というのは、寝たきりの高齢者がずっと病院の中で過ごしていたということですが、それを解消するために、サービスの基盤整備を進めました。これ難しい言葉ですが、「ゴールドプラン」とか「新ゴールドプラン」といって、この地域にはどのくらいの特別養護老人ホームを造りましょうか、どれぐらいのサービスを提供しましょうかということを、介護保険前は行政が主導的、計画的に準備していました。そこから民間主導に大きく転換したわけです。**「国民の共同連帯」という言葉が日本の法律の中で初めて使われた法律が、介護保険法**です。国民同士が連帯して、介護保険事業に対する費用を、公平に負担しましょう、四〇歳以上で公平に負担しましょうということでございます。この制度の基本的な考え方は「尊厳の保持」、「状態の軽減、悪化の防止」、「可能な限り居宅で」です。

実施主体については、国がやるべきじゃないか、都道府県が広域にやるべきじゃないかと議論がいろいろありました。先行していたドイツの介護保険というのは、医療保険者（疾病金庫）に付随している介護金庫というのが運営主体です。日本に置き換えますと、例えば、何々健康保険組合の介護部門が介護保険をやっているということになります。ドイツでは、疾病金庫という医療保険者が、医療保険だけでなく、加入者がその介護を受けられるようになっています。だから、ドイツは医療保険に入っていらっしゃる方は、〇歳から年齢制限なしで介護保険の対象になる、という仕組みになっていました。しかし、日本では、結局二〇〇〇年当時、地方分権の推進というのが全国的な流れになっておりまして、**国でも都道府県でもなく、住民の皆さんにもっとも近い行政主体はどこかということで、市町村を保険者にすることにしました。**

次に、被保険者は誰かということになります。先ほども申し上げましたけども、実は四〇歳以上から六四歳までの医療保険加入者というのは、介護保険の「第二号被保険者」ということで対象でございます。医療保険料を払っていらっしゃる方は、同時に介護保険料も払っているんですね。

でも、なかなかそのことには自覚がなくて、介護保険は四〇歳から六四歳の方にとっては、あまり関係ないわというふうに思われがちなんです。しかし、**一六特定疾病と言われるもの、すなわち関節リウマチ、がん末期、若年性認知症、脳血管疾患などで四〇歳から六四歳までの間に発症して、介護が必要になったら、その方も介護保険サービスの適用になります。**そのことは国民の中に浸透していないんですけれども、実は介護保険は四〇歳から六四歳までの医療保険加入者と、それから六五歳以上（六五歳以上の方は条件がありません）全ての方が、要介護認定を受けて、介護が必要とされたら、どんな方でも一定のサービスが受けられますよという制度でございます。

さて、**要支援、要介護度**というのがありますが、一番軽いのが要支援一、次に要支援二と続き、一番重いのが要介護五です。これは、それぞれ介護保険が始まる前に、一分間タイムスタディといって、それぞれの身体状況について、どれぐらいの介護サービスやケアが必要かという調査をし、統計的に分析して、それをランク付けして要介護度を設定したという歴史的な経緯がございます。ここで注意が必要なのが、医療の重症度とは異なるということです。「介護がどの程度必要な状態であるか」を示したものなので、「末期がんで大変なのに、どうして要介護二なの？」

とか思われることもあるんですが、それは病気の症状と、介護の必要性は次元が違うので、そのように理解をお願いしたいと思います。

介護保険の財源と申請手続

介護保険というのは実は四〇歳以上の保険ですよというのは財源からも明らかです。全体的な**財源構成からいくと、保険料半分、公費（いわゆる税金）が半分となっています**。六五歳以上の保険料というのは財源全体の二三％なんです。それに比べて、四〇歳から六四歳までの方が医療保険と一緒に介護保険料を負担している比率は二七％にものぼります。本来は四〇歳以上の方の保険なのですが、どうも介護保険という名前が六五歳以上に限定されるというイメージになっているようです。

財源構成としては、実は四〇歳から六四歳までの方の保険料も加味しながら高齢者の介護が行われています。冒頭申しました、介護保険法には国民連帯と書いてあるのは、こういうことを物語っているわけでございます。

次に、介護認定の申請からサービスの利用までの流れをご説明します。まず介護が必要になった場合、お住まいの**市町村の窓口、高齢者支援課とか介護保険課というところに申請**をします。申請したら**要介護認定**というのを基本的には受けていただくことになります。一つは市職員あるいは市が指定した調査員が事前連絡の上、そのサービスを受けたいという方について、七十数項目の調査を行います。もう一つは医師の意見書ということで、これはご自分で用意しなくても、申請のときに、本人や家族が申請書に記入した医療機関の医師に、役所から直接、こういう方が介護保険を希望していますよ、この方の病状や身体状況はどうですかということを尋ねます。後から申しますが、この**医師の意見書**というのはかなり重要な要素になります。どういう先生に医師の意見書を書いてもらうかということが大事になるということですね。

この認定調査結果と医師の意見書の二つを合わせて、認定審査会というところで要介護状態を認定します。この方は要介護一です、この方は要支援一です、この方は非該当ですというふうに審査されます。非該当になったとしても、現在の介護保険はそれぞれ市町村で実施をしておりま す**介護予防・日常生活支援総合事業**などの予防的な事業を受けられる場合があります。ここは、難しいところですよね。非該当になったから、私、介護はまだ必要ないのでラッキーと思うのか、残念と思うのか。それはもう気持ちの持ちようだと思いますが、いずれにしても先ほど申し上げましたように、それぞれの利用者の皆さんの選択ということが、大きな要素になってまいります。

さて、要介護認定を受けるときのポイントでございますが、その前に「申請に必要なもの」を確認しておきます。申請には、六五歳に到達したときに、各市役所から皆さんのご自宅に**介護保険被保険者証**というのが送付されているはずなんですけど、お持ちですかね、皆さん。六五歳のときは「これ、何だ？」と思ったはずなのです。多くの方は失くしてしまわれます。ここでは被保険者証と書いてありますけど、被保険者証がなくても、市役所の窓口に行って、「被保険者証、どっかいっちゃいました」と言えば、申請は受けてくれます。ですから保険証がなくても大丈夫です。その代わり、「要介護・要支援認定申請書」の記入を窓口や**地域包括支援センター**等で行っていただきます。

問題は医師です。**主治医が誰か分かるものがあるほうがいい**。必ず、主治医は誰ですか、どこそこ病院の、何々先生ですというやりとりがありますが、ここが一つのポイントです。「私の主治医は都内の某大学病院の第一内科部長です」とか、「循環器科で有名な何々先生です」と言う方も多いんですけど、大学病院などの大病院の先生方は、そこの診療科の専門分野や手術の技術は大変優れている方もいらっしゃいますが、その申請者の全身症状を全部把握しているかというとそうでもない場合があります。ましてや、認知機能について偉い先生の前にいくと、大体、皆さんできないことも「できます」とおっしゃいますので、誤った情報がそういった先生にはインプットされている可能性があります。

そこで、地域の**かかりつけ医**の先生が重要となります。老成人健診などを実施している医師会のクリニックや診療所であれば、健診を毎年、受けているような方なら、皆さんの血圧の状況から身体状況や糖尿からコレステロールなどが検査項目に入っていますので、全身症状や経年変化を把握されています。ぜひ、そういう先生を主治医にされるほうがいいと思います。ですから、この「主治医が誰か分かるもの」というのは、できるだけ皆さんの全身症状が分かっていらっしゃる、かかりつけ医の先生の医療機関の診察券を持っていっていただくほうがいいと思います。

認定調査を受けるときの注意点でございますが、四点ございます。まず、「**本人の体調が落ち着いてるときに調査を受ける**」。病状に波がありますという高齢者の方が多いのですけれども、大体ほぼ平常的な普段と同じ体調のときに、調査をするように。今ちょっとせきこんでいるとか、風邪ひいているとかというときは、やめていただいたほうがいいかなというのが一点目です。

それから、二点目、「**家族などの介護者に同席してもらう**」。これ、うちの母親もそうなんですが、調査員の質問に対して、大体答えるんですが。服の着脱、「できます」、排せつ、「できます」、立ち上がり、「大丈夫です」みたいに、大体答えるんですが。その横で私、調査員にこうやって目で合図します。そうすると、ベテランの調査員なら理解してくれて、本人が席を外したときに、ご家族に「ちょっと、お話をお聞かせ願えますか」と言って、その状況を確認してくれます。ですから、ご家族や本人のことをよく知っている方に同席していただいていれば、現在の状況を正確に伝える助けになります。

三点目、「**事前に重要事項はメモしておく**」。私もそうなんですけど、緊張したり、それから役所の人が来るからと身構えてしまって、日頃の状況を十分伝えられない場合があります。例えば、服を着脱できますか、服を着替えられますかといった場合、一〇分かかっても、一分で着替えられても、自分でぱぱっとできても、すべて「できる」の一言になっちゃうんです。でも、肩があがらないとかで、着脱にサポートが必要だったり、何とか自分ではできるけども、服を着替えるのに五分かかるとか。それって、できるはできるだけれども、細かい状況をメモして、正しい情報を伝えておかないと、単純に「できる」という形になってしまうので、そういうことも含めて重要事項についてはメモしておいて、詳細にきちっと伝えていくことも必要です。

それから四点目、「**使用している杖や補装具があれば伝える**」。眼鏡や杖を利用している、あるいは補聴器を利用してるといった場合、調査のときはお化粧して眼鏡を外しているという方もいらっしゃいますし、杖も足の調子が悪いときには使うけども、そうじゃないときは使いませんという方もいらっしゃるので、こういう日常的に杖や補装具を使っていたら、そういうこともきちっと伝えましょう。

次に「利用者負担額と区分支給限度基準額」です。**介護保険というのは一割または二割、三割が自己負担になります**。それぞれ要介護度に応じて、サービスを利用できる限度が単位数として決まっています。この単位というのは地域によって、物価の高い低いがありますので、武蔵野市は単位数に概ね一一・〇五円を掛けて実際の利用限度額を算定します。例えば、五、〇三二単位という要支援一の場合、目安として武蔵野市の場合、五万五、六〇〇円程度までのサービスが受けられますよ、そのうち一割があなたの利用者負担ですよ、あるいは二割が利用者負担ですよと、なります。利用者負担は所得の状況に応じて、一割負担なのか、二割負担なのか、三割負担なのかはそれぞれ世帯の所得状況によって変わってきます。

武蔵野市のものを参考にお持ちしましたが、ブルーの介護保険被保険者証とは別に、もう一つ**ピンク色の介護保険負担割合証**というのがあって、ここに、あなたは一割ですよ、二割ですよ、三割ですよと記載されています。**この二つがないと、基本的に介護保険サービスは受けられません。**被保険者証だけでは受けられないので、サービスを受けるときには、役所のほうで把握している所得状況に応じて利用者負担割合が記載されている介護保険負担割合証、その二つ併せて、ケアマネジャーなどに提示して、今後どういうサービスを受けるかということを考えていく必要があるということです。

利用できるサービスの種類は、基本的には居宅の場合、家に来てもらうサービス「**訪問系サービス**」とデイサービスなどに通う「**通所系サービス**」が主なもので、その他、福祉用具だとか足が悪くなってバリアフリーに改修したいという住宅改修が必要になった場合、最高二〇万円まで、介護保険の給付対象となる場合もありますので、そういうことも活用していただければと思っています。この一つ一つのサービスの種類については、ここでお話していると三〇分以上かかってしまいますので、今日お配りをした「正しく知って利用しよう」というパンフレットを後でご覧いただければと思います。

いよいよ介護保険の利用

さあ、要介護認定の結果通知が来ました。さっき言った、あなたは何割負担ですよという負担割合証も届きました。どういうふうなサービスが必要かな、どんなサービスを利用したらいいのかな。本日は若い方もいらっしゃいますから、おそらくご家族の介護をどうしようかなと思っていらっしゃると思うのですが。基本的には在宅でサービスを受けるために、わが家に来てもらって、訪問型のヘルパーさんのサービスを受けるのか、通ってデイサービスとか通い型のサービスを受けるのか、いやいや、もう在宅では無理。認知症も進んでいるので施設に入った方がいいのだろうか。大きく言って、**「通い」なのか「訪問してもらう」のか、あるいは施設を利用したいのか**。そういう基本的な方向性だけでも、まず本人の希望を尊重してご家族の中で話し合っていただくということが必要でございます。

武蔵野市の場合は「介護サービス事業者リスト」という、こんな分厚いんですが、窓口に置いてあります。それぞれサービスの種類ごとに、**どういうサービスのどういう事業所があるのかというのは、こういうもので調べていただく**。ケアマネジャーというのがサービスを受ける際の大きなポイントになってくるのですが、ケアマネジャーが作成する「ケアプラン（サービス計画）」

について、**九つのチェックポイント**があるので、それをちょっと見ていきましょう。

一つ目は「希望するサービスが組み込まれ、その回数や機関が満足できるものになっているか」、通いがいいというのに、やたら訪問があるとかですね。そうじゃなくて、うちの親は家に他人が来るのが嫌なので、通いのデイサービスにしたい。しかも、あまり回数が多いと疲れちゃう、本人も嫌がっちゃう、行かなくなっちゃう。だから、回数は週二回ぐらいとか週三回ぐらいで、ちょっと様子を見たいということがケアプランの原案やサービス計画というところに、反映されているかどうか。二点目は「必要でないと思われるサービスが組み込まれていないか」、三点目は「本人の自立を促す目標設定が考慮されたプランになっているか」。何でもかんでもヘルパーさんにお願いして、靴下を履くのもヘルパーさんとかというんじゃなくて、できるだけ自分の持っている潜在的な能力といったものを、引き出すようなサービス目標になっているか。

四点目「サービス量（回数）が多すぎて逆に本人の精神的・身体的な負担になっていないか」、**ケアプラン（サービス計画書）**というのは、長期目標、短期目標を書かなきゃいけないんですね。どういうふうな生活をご本人が望んでいるかということですね。逆に、さっき言った、五万幾らとか、六万幾らとかという上限額があるんですが、それまで目いっぱい入れて、回数がやたら、毎日のようにデイサービスを入れてしまうと、逆にそれは本人にとって、精神的にも肉体的にも負担になりますよね。そういうことになっていないかどうか。それから五点目、「日常生活での本人の不安や家族のご負担も軽減されるのか」ということがポイントです。

そして、六点目、先ほど申しました「主治医の意見書や医療情報が適切に反映されているか」。よく、とにかく介護予防を重視しなきゃいけないんで、マシン・トレーニングをやらせるという人もいるんですが、実はそのお年寄りが、循環器で心臓に疾患を持ってるとしたらどうしますか。一生懸命マシン・トレーニングして、逆に心臓疾患が悪化することがある。利用者について、糖尿病があるとか、心臓疾患があるとか、こういう医療情報もきちっと把握されているかどうか。七点目、「介護保険の適用サービスと介護保険外の、例えば配食サービスであるとか、介護保険外の一般のサービスが、きちっと区分けされて明記されているか」。

あと八点目は、「**介護保険外の費用も含めて、自己負担額がその世帯の経済状況にあった予算内に収まっているか**」。うちは、おばあちゃんのために、あるいはおじいちゃんのために大体これぐらいの介護の費用しか払えませんよと言って、おおよその経済状況、老齢基礎年金は月額六万五、〇〇〇円ぐらいですが、そういう中で無理のない形でサービスを組んでください。自立を高めることと、自己負担がどうなるのかというのはいろいろの要素が絡みますが、そういったディスカッションも含めて、最後九点目「疑問や質問がある場合、きちんと分かりやすく説明してくれるか」どうか。こういう九つのポイントを念頭に置いていただいて、サービスを受けていただく。サービスのプラン作成をまず受けていただくということですね。

これらのサービスについては、介護給付と予防給付といって、**要介護一から五を介護給付サービス、要支援の一から二の軽度の方を介護予防給付サービス**と言っています。二〇一五年、平成二七年から、**いわゆる総合事業**といって、市町村が中心となって地域の実情に応じて、多様な住民主体が参加して、多様なサービスを行うということで、介護予防生活支援サービスが開始されました。武蔵野市の場合は、ヘルパーの資格がなくても、一定の研修を受けた方については、武蔵野市長がヘルパーとしてこういう生活支援サービスをやってもいいですよという認可をする仕組みをつくっています。それから、一般の全ての高齢者を対象とした健康づくり、介護予防事業もやっております。それぞれの市町村で、さまざまな総合事業を行っています。

そもそも介護予防とは何かということですが、運動、栄養は、もちろん必要ですが、東大の飯島先生が話をされているかと思いますが、**フレイル予防**ということで、個々の高齢者の方の活動レベルや役割の向上、ＱＯＬとか生活の質を高めることなので、単に身体状況だけ、その機能回復訓練、リハビリだけやればいいということではありません。

社会参加をするのが、実は一番大きなポイントです。ケアマネジャーを選ぶとか、予防事業に参加したいといった場合については、自治体ごとにほぼ中学校区に一つずつ、**地域包括支援センター**というのがありますので、それぞれの自治体の地域包括支援センター、あるいは、市役所の高齢者向け窓口に行って、こういう予防の事業に参加したいと伝えてください。要介護認定を受けるまでもないんだけどという方は、そう言ってご相談いただければいいし、要介護認定を試しに受けてみたいという方は、申請をしていただく。**四〇歳のときから介護保険料を実は払っていたわけですから**、その保険料に対して、必要な時に必要なサービスを受ける権利、恩恵を受ける権利を持っていらっしゃるというふうに考えたほうがいいです。まだ人のお世話にはなりたくないなとかという方が多いのですが、介護保険は国民連帯の仕組みでございますので、ぜひご利用してください。

社会保険の仕組みの持続可能性とまちづくり

ところが、介護保険だけでは高齢者全体をサポートすることはできません。現在、人口が減少する社会を迎えています。高齢化のピークというのは二〇四二年と言われています。高齢者がもっとも多くなる一方で、絶対数としては人口が全体的に減っていくんです。六五歳の高齢化率は二〇六〇年を過ぎると全人口の三八％ぐらいになっちゃう。四割近くが六五歳以上という時代が来るということです。

皆さんは、どこか具合が悪くなれば病院にかかればいいやと思っていらっしゃいますが、国は今、患者ニーズに応じて病院機能の役割分担や連携強化を通じて、医療提供体制の転換を図ろうとしています。**高度急性期を抑制して、リハビリを中心とした病院のほうに病床転換をしていく**

ということです。

武蔵野市にあります、高度急性期病院の武蔵野赤十字病院の平均入院日数は、何日ぐらいかご存知ですか。それでは、三択の質問です。①二〇日、②一四日、③一〇日。正解は③一〇日ですよ。**平均在院日数は一〇日です**。ですから、救急車で運ばれたとしても、脳梗塞の手術を行って、その日のうちからリハビリをして、他のリハビリ病院や老健施設などに転院をしていただくということが、基本的にはこの医療提供体制の構造になっています。

本日の顔ぶれを見ると、皆さん一九六〇年代一九七〇年代のことを覚えてらっしゃる方が多くいらっしゃると思われますが、その頃のおじいちゃんおばあちゃん、自宅で亡くなることありませんでした？　結構、自宅で皆さんのおじいちゃんおばあちゃんが終末期を迎えられて、自宅に白衣を着た主治医の先生が来て、「おじいさまご臨終でございます」みたいな経験をされた方も多いかと思います。それが高度経済成長とともに病院の数が、ずっと増えてまいります。介護保険施設も徐々に増えてくるんですけれども、高齢者が増える時代は、いわゆる「多死時代」、多くの人が死ぬ時代。死を迎える方が多いということですね。

そうすると、先ほど見ていただいたように、**病院で亡くなることがなかなか難しい時代になる**。在宅生活の継続もなかなか難しいとなると、介護保険施設への入所も検討しなければなりません。看取りをやっていただいている特別養護老人ホームも増えてきましたけれども、「自分はどこで終末期を迎えるか」、こういうことも考えながら、今後生活をしていく必要があります。

そこで、今後の医療や介護の方向性について、二〇一三年八月に「社会保障制度改革国民会議報告書」が出されました。今の社会保障のモデルというのが、一九七〇年代、いわゆる、お父さんが終身雇用で働いていて、お母さんが専業主婦で子どもが二人くらいいるという標準的なパターンの中で、年金・医療などの社会保障は作られていったんですが、今はもうそんな時代ではありません。女性も社会進出して、就労して、お子さんも二人じゃなくて、一人だったり、あるいはお子さんがいらっしゃらない、あるいは結婚もされないという方。同時に、格差も広がってくるということで、二一世紀型の社会保障をどうしていくか。そして二〇二五年をどう迎えるかが課題となっています。

二〇二五年というのは大変な年で、**団塊の世代が約八〇〇万人いらっしゃいますが、団塊の世代八〇〇万人の人が全て七五歳以上になるのが二〇二五年**でございます。大変ですよね、医療と介護のことを考えると。そういう意味では地域の有する社会資源も活用して、地域包括ケアシステムをつくんなきゃいけない。この**地域包括ケアシステム**とは「住み慣れた地域で、自分らしい暮らしを人生の最期まで続けられるための地域の包括的な支援・サービス提供体制」とされています。国の報告書では、介護保険制度の枠内では完結しない。介護保険だけでは、もう地域がもちませんよということを国が自ら認めているんです。

そこで、出てきたのが、**地域包括ケアシステム**という概念でございます。団塊の世代が七五歳を迎える二〇二五年に向けて、地域包括ケアシステムが必要だということで、医療も介護も、地域の住民の皆さんも一緒に、**まちぐるみの支え合い**をしていかなければいけないということです。武蔵野市は介護保険が始まったのと同時に、高齢者福祉総合条例というのを制定して、介護保険制度だけでは、高齢者の生活を一部しか担えないということで、高齢者の生活を総合的に支える、まちづくりの目標を定めて進めてまいりました。

有名なテンミリオンハウスが今七カ所、いきいきサロンが二〇カ所ありますが、さまざまな地域の皆さんのお力を借りながら、より良いまちづくりと高齢者の皆さんに喜んでいただけるサービスを総合的に提供しようと。**むしろ地域の皆さんとともに、いろいろな社会参加だとか、健康づくりを進めることのほうが、本当は大切**なんじゃないでしょうか。それを支える人材確保も必要で、それを目標として「武蔵野市地域包括ケア人材育成センター」を設置しています。

このスライド、有名なテンミリオンハウスでございますが、これは介護保険認定が非該当でも、あるいは認定を未申請の方であっても利用できるというのが大きな強みでございます。歩いて行ける所にさまざまなプログラムがあって、お食事もご提供いただいているということでございます。それだけじゃなくて、「健康長寿のまち」という形で、武蔵野市は「楽しく元気に長生き」。要するに月一回も家族以外の人と話をしないという人は、どんどん要介護状態となり、サービスが必要となってくるという研究報告もあり、少なくとも週一回は家族以外の人と話をするということが必要です。元気な高齢者も含めた週一回以上開催する予防のサロンをつくりましょうというのが、いきいきサロンの制度設計です。

武蔵野市はひとり暮らし高齢者が増えていまして、六五歳以上のなんと四人に一人はひとり暮らしの方になりました。現在、コロナ禍の中で、ずっと家の中に閉じこもってしまう、外出しないで人とお話もしないと、さきほど言いましたように身体状況や日常生活動作も悪化して、言葉もなかなか発せられないというような状況になって、ひとり暮らしの高齢者の方はますます問題が起きています。そういう方に対しては、「相談支援」「見守り・安否確認」「もしもの時に備えるサービス」などきちっとしたサポートが必要です。

同時に認知症の高齢者も増加しています。八〇歳を超えると飛躍的に認知機能の低下があります。認知症にならないためには、食事や運動、他者との交流などにより脳や心身を活性化することが大切と言われています。認知症に関する施策としては、予防も必要になってくるということで、「相談事業」「普及啓発」「在宅生活の支援」を柱に「認知症になっても安心して住み続けられるまちづくり」を進めています。

最後に、もう一つ。在宅医療・介護連携の仕組みづくりをそれぞれの自治体がやっておりますので、先ほど申し上げましたように、ぜひ地域の医療機関と結びついていただく、ということが必要です。医療と介護の両方を必要とする高齢者のために、介護関係者だけじゃなくて医療関係者も一堂に会して、スライドにあるような連携会議をどこの自治体も実施していると思います。

まとめでございます。介護保険サービスや、地域包括ケアシステムは高齢者が住み慣れた地域で、自分らしい暮らしや自立した生活をされるようサポートすることが目的です。そのためにはまず、適切な介護認定がされるように、先ほどのポイントに気を付けていただいて、認定申請をしていただく。さらに、ケアプランのチェックポイント九つを提示しましたが、真に必要なサービスが提供されているかどうかを検証していただく。それともう一つ、介護保険だけでは高齢者の生活は維持できませんので、先ほど紹介した、住民主体の助け合いの取り組み、テンミリオンハウス、いきいきサロン、他の市町村でもいろいろやっていらっしゃると思いますが、そういうサービスや社会資源をうまく活用していただく。ぜひ、健康寿命を長くするため、皆さんがいつまでも元気でいきいきとしていらっしゃるために、時にはサービスの担い手として社会参加もしていただきたい。「**栄養、運動、社会参加とお口の健康**」、これに留意をしていただいて、人生一〇〇年時代をいきいきと暮らしていただければと思います。ご清聴ありがとうございました。

——医療・介護だけが高齢者の直面する課題ではありません。衣食住といいますが、高齢者の場合、医職住がそれと同じくらい重要かもしれません。どちらにも「住」が入っていますね。わが国の高齢者は持ち家率が非常に高いというデータがありますが、問題は、そこに住み続けることができるかです。住まいの問題を中心に、三井住友信託銀行の谷口さんに話を聞いてみましょう。

4

シニア期における「住まい」の選択

住まいの選択肢と転倒リスクの関連性

不動産鑑定士
谷口佳充

「シニア期における『住まい』の選択肢」ということで、ご説明をしてまいりたいと思います。三井住友信託銀行に勤めております不動産鑑定士の谷口と申します。今日は、樋口恵子先生が、ヨタヨタとかヨタヨタヘロとおっしゃってましたが、そこで、**住まいに関するドタリ（突然倒れること）をどう減らすか**というところを中心に、ご説明をしたいと思います。

ヨタヨタヘロヘロはあるとして、ドタリをなくしておけば、人生の後半戦として良い期間が長くなると思います。そのことと住まいのあり方がどう関連するかを念頭にお話しします。

例えば、今週テレビでニュースになりました、下関市の倉庫の崩落で、人がお一人亡くなられました。ニュースで、旧耐震の建物で、建物を所有されている会社の方が、もう少しメンテナンスをしておくべきだった、という話をされていたと思います。崩落というのは、あまり皆さんの家ではないと思いますが、自分たちの人生の多くの時間を過ごしている最も大切な資産の一つである建物のメンテナンスはとても大切です。

そしてもっと身近なこととして住まいと住んでいる人の健康との関係も大切です。例えば認知症という病気は、すでに女性の場合、九五歳以上であれば四人に三人は発病されています。長寿社会ですので、認知症の方がもっと増えてきます。人生の中で、どこかの段階で認知症である期間が入っているというのが普通になるので、そういった普通の人生の中に、家の中でドタリになる、その確率を減らすというのは、長寿社会で必要な予防法として考えておくべきだとお伝えしたい思います。

その前段として、**日本の住まいの性能**を、考えたいと思います。

ではほじめに、ドタリのことを、私のこの資料の言葉では、「不本意な老後」というふうに書かせていただきました。先ほどの樋口先生の話にもありましたように、皆さん、自分や家族にとって幸せな老後を目指しておられる、頑張っておられると思います。健康寿命と平均寿命というお話もありましたが、平均寿命は、男が八二歳、女性が八八歳ですね、0歳のときの平均余命を意味するのですけれども。

ただ、実際は、去年死んだ人で一番多い年齢は、何歳の方が一番多いのかと言いますと、先ほどの八八歳、八二歳じゃないんですね。女性は九二歳の方が一番多く死んでおられて、男性は八八歳の方が一番多く死んでおられるんですね。平均寿命というのは、どうしても子どもの頃にお亡くなりになる方の確率を入れますので、そういう意味では、生き続けた方だけを見ると、**最頻度死亡年齢**というんですけども、これは女性が九二歳、男性が八八歳です。皆さまの周りでも、お葬式をしていて一番多い年齢の方というところでいくと、そうかもしれないなというふうに思っていただける年齢かと思います。

　お亡くなりになっている方々でみてももう人生一〇〇年時代に本当に近くなっています。その中で、予想外の事態が生じ、不本意な老後、ドタリですね、これは結構いきなり来ます。ここを、一〇〇%防ぐというのは難しいんですけれども、できるだけ防ぐことはできるのに、そこまで対策を打てていないということが、本当、多いんですね。

　健康寿命、不健康寿命ということのご説明もありましたが、もうちょっと先のほうにいくと、要介護の人と要介護じゃない人、不健康でも要介護じゃない人がまだいらっしゃるんですね。今、日本では、**健康寿命と平均寿命の差というのは一二年ぐらい**あります。その間のことを不健康だと言われてるんですけども、要介護になってからの平均寿命の差というのは三、四年なんですね、要介護認定の後の話ですが。その**要介護になる方の原因はなんですかというところでいきますと、心疾患、脳血管疾患、それからあとは、骨折で寝たきりになる、認知症が併発される、**というようなことになります。

さて皆さん今、言ったようなことは、どこで起こっていると思われますか。**ドタリが起こるのは、家の中**なんですね。家の中で起こる、このドタリを、どういうふうに防御できるようにするかを、お話したいということです。

まさに、日本は高齢社会の先頭を走っているわけで、いろいろな対策が打たれてはいますが、**実は住まいは遅れている**んですね、高齢対策が。世界的に見ても、アジアの中で見ても遅いんです。こういったことを、あらためて今日、テーマとして取り上げていきたいと思います。

住み続ける

人生を一〇〇年という単位で考えると、自分の家でできるだけ住む、自分の好きな住んでいる地域で、できるだけ住み続けるということも大事なんです。そのためには、住まいを大事にすること。先ほどの要介護という話もしましたけども、要介護になってからも自分の家に住み続けるには、介護する人が介護しやすいような状態にもなっていなきゃいけないことにもなります。自分の家で長くいかに住み続けることができるかということを目指して、今日はいろいろなご提案、情報提供をしてまいりたいと思います。

住まいの性能

まず、日本の住まいの性能について振り返りをさせていただきたいと思います。耐震については、日本は、地震国ですから、そのたびにちゃんと法改正はされています。先ほどの下関の倉庫は、旧耐震基準で、震度五の地震に耐えうるという耐震性能を持つことという基準になっています。

しかし、一九七八年（昭和五三年）の宮城県沖地震を経て一九八一年（昭和五六年）に新耐震基準になっています。この一九八一年を境に、それ以降に建築をされたものは、考え方として震度六強の地震でも倒れない耐震性能を持ってなければいけないという形になっています。その後、一九九五年（平成七年）の阪神淡路大震災を経て、現行の基準になっています。

例えば法律で、住まいの基礎の状態がどうなってるかというところで言いますと、今は地盤調査までしなきゃいけないことになっています。新耐震の基準ではベタ基礎です。基礎がコンクリート、全部鉄筋コンクリートの面になっていて面で支えるという形です。その前、旧耐震のときは布基礎です。皆さん基礎というと、この布基礎のイメージかもしれません。逆T字型の基礎が立っていく、線というか点で支える形です。この基礎だけをとってみても、どれが耐震基準として強いかということは分かると思います。こういったものが、各パーツで法律が改正されています。皆さんのご自宅がいつ建てられたか、ご記憶はあると思います。その時点がベースになるわけです。

地震になったときに崩壊しないようにという意味では、ここはしっかりと押さえておいていただく必要があります。自分の家が、どの段階の法律で立ったのかというところですね。それ以外に災害面では、最近は浸水ですね。線状降水帯、もう嫌というほどニュースで見ていると思います。集中して、同地域にずっと雨が降るということは、昭和の時代、平成の時代では、少なかったと思います。今は、これが頻度高く起こりえますから、そこに当たってしまったら、集中した降水の確率がすごく高まることになります。自分が住んでいる家、もしくはご家族が住んでいる家が、洪水になる確率がどうなっているかは、これは例えばハザードマップなどを見れば分かる部分も多いので、是非見ていただきたい。

ただ、少し前に広島県で、土砂崩れでたくさんの方が亡くなった災害がありました。例えば土砂災害警戒区域とかになっているところでも、実は家が建っちゃう、開発できちゃったんですね。そういうところに、家が建ってしまっていたりすることも、残っているわけです。そういったことがないかのチェックは、命を守るという意味で、本当に必要になります。

例えばこの地図を見てください。まず浸水ですけども、浄水場を真ん中に四つの市が入るようにマップを持ってきました。これ、皆さんのスマホでも見ることができます。自分の家、もしくは自分の家の近くが、洪水の最大規模で、何メートル洪水になるのか。例えば、ここ武蔵野キャンパスの近くですと五日市街道沿いとか、あとは石神井駅のところですかね。もちろん神田川とか善福寺川が有名ですけれども、そういったところで、線状降水帯の雨が降ってくるとどうなるかということが、まずあります。例えば去年でしたか、武蔵小杉のマンションとかでもありましたね。マンションでも地下に水が入ってくると、危ないことになります。

皆さんのご自宅がどういう高低差かというのは、もちろん歩いておられるから分かるとは思いますけれども、こういった浸水想定区域とは別に、ご興味があれば、下水道局のホームページに下水道管図というのがあります。上水道と違って下水道は、必ず傾斜をかけないと流れないですよね。管の高度と、その上に地上まで何メートルというのも書いてあります。ですから、自分の家の前の管の高さが全部入っていますので、どこが高くてどこが低いか、管はどう流れているかということも分かるようになっています。これもホームページで分かりますし、下水道管図でも分かりますので、ぜひ、興味がある方は、見ていただければと思います。そうすると、管から水があふれてくるというようなこともイメージができます。どこにあふれていくかということも。

日本の家の作りよう

次のところ、ここが今日のテーマになりますけれども。例えば、皆さん自分の家で、結露に悩んでいる、結露を拭くのが日常、冬はいつもです、ということはありませんか。日本の家では普通にあることだと思います。皆さん、それは体に良くないだろうなとは思っておられると思いますけども、別にかびが生えるとかそういう意味で体に良くないとかではなくて、もともと温暖差、断熱機能として良くないのです。先ほどの新耐震とか旧耐震、昭和の頃でいきますと、まだまだ高度成長期で、五〇歳や八〇歳までの人生の想定で法律が作られているというのと同じように、家も、子どもをどう育てるかということが中心に作られているはずです。部屋もそうですね。高齢期に健やかに過ごすという視点からしますと超高齢社会に合わないんですね。

例えば今、玄関に段差がある。八〇代にこれでこけてしまって、例えば大腿骨骨折をすると、寝たきりになってしまうという話になります。同じように、五階建てのマンションだったら、エレベーターがついていない、まだ普通にあると思います。あと、これは、見えないんですけども、壁の中の断熱材がすごく薄いんです。で、それが中身として、時間がたってくると落ちていくんですね。全面に詰まっていないんですね。断熱材が下のほうだけに落ちていって、上のほうはスカスカというふうになってしまっています。

また一番分かりやすいのがアルミサッシですね。熱を通すのが目に見えてますけども、寒かったら寒いものが全て入ってくるアルミサッシ。これ、結露の一番のもとだと思いますけども、こういったものが、もう本当に普通に日本の家にはあるという状態だと思います。

では次に断熱の話をするのに、日本の家の歴史が分かるようなスライドを二枚ほど、ご用意しました。皆さん、これ、平安時代とかの絵だなと分かると思います。どこに壁がありますか。実は壁がないんです。本当に寝るところだけを囲った部屋以外は、**寝殿造りには壁がない**んですね。みんな、こういう御簾とか几帳とかで、壁の代替をして、その時々に応じて部屋の大きさを変えている。これからして、もう全然、寒さ対策をする気はないことが分かりますよね。

次のスライドですが、こちらのほう、『徒然草』吉田兼好さんの言葉ですね。「家の作りやうは、夏をむねとすべし。冬は、いかなる所にも住まる」いうことで、夏のことを一生懸命考えて家は造りなさいということを、ずっと言われておられました。本当に、**寒さは耐えるというのが、日本人の伝統**でございます。時代劇を見ても、将軍様であっても火鉢だけで寒そうですよね。全然暖ったかそうな部屋にいないですよね。大衆も火を囲んで暖まる感じだと思います。日本ではそれが普通だと思っているということなんですけども、そういう歴史もあり、断熱の基準は、実は日本が一番ゆるいんですね。

その結果、何が起こっているかというところで、ドタリの話です。こちらは、**心疾患の、発生する月別の死亡者**の数です。もう明らかに、冬にお亡くなりになっています。一〇万人に対する数で出していますけれども、都道府県別のデータもあるんです。地域別に顕著に違うことがありまして、実は一番寒い北海道はこうなっていないんです。季節によってそんなにかわらない、平準なんです。北海道は家が暖かいからなんですね。なぜか青森県と北海道の間、津軽海峡で家の性能、断熱気密性能は違うんです。北海道の人は、冬に心疾患が増えるというような、極端なこのカーブがないんですね。逆に青森県からずっと南まで、特に一番顕著なのが、本州の真ん中ですが、このような地域の家に住んでる人たちが、この冬に特徴のあるカーブを描くというふうな形になってます。**冬は危ないんです、家の中が。**例えばいわゆるヒートショックです。

住まいの断熱性能については、**日本は超高齢社会だから一番進んでるでしょ、と思いたいんですけれども、一番遅れているんですね。**コロナでだいぶWHOという言葉がたくさん出るようになりましたけども、WHOも住まいの基準を温度計で示しているんです。これ、冬の皆さんの部屋、床から高さ一メートルの温度だと思ってください。冬は一八度以上でありなさいというのがWHOの基準です。もっと明確なのがイギリスです。イギリスは一八度以上の基準をクリアできなかったら、解体命令が出ます。家をつぶしなさいと、このぐらい厳しいんです。

これ、世界基準では普通なんですけども、日本人からすると、「いや、こたつのある部屋があるし」とかですが、**実は部屋ごとに暖房とか冷房しているのは、日本が特殊なんです。**北海道はそうですよね、全館空調です。もう全然、感覚が違うんだと思うんです。ただ実際に、これもホームページに出ていますけども、WHOの基準で一八度が最低の推奨室温ですよという形になっています。例えば韓国でもオンドルですから、全館空調ですよね。そうすると、先ほどのページのこのカーブの、ここのピークのところが、ヒートショックが減るというふうになるわけです。このドタリがあると、不本意な老後の期間が長くなるということです。大きな原因に心疾患または脳血管疾患があります。これは先ほどの全館空調と絡みますけれども、冬、居間だけ暖かくして、もしくは冬、暖かい布団の中にいて、トイレに行く、もしくはお風呂に入るというときですね。このときに、例えば布団の中だと三三度とかですね。ここから寝室は暖かいかもしれませんが、廊下に出ると、いきなり寒い、日本は。トイレに行くにしても、五度とかになっているはずです。もう、**むちゃくちゃ温度差**があるわけですけども、このストレスを血管が受けなきゃいけないということ。それもトイレに行くのも、高齢になると回数が増えますよね、何度もそれを行うわけで、これ血管にとってはすごい試練なんですけども、これを日本人はやっているということなんです。当然、弱っている血管が、伸ばされて縮んで伸ばされて縮んでというふうになるわけですから、何かの事故が起こる、ドタリが起こるということが分かると思います。

先ほどの樋口先生のことわざにも、「**女子は一八歳で恋に溺れ、八一歳で風呂に溺れる**」というの、あれも**ヒートショック**ですよね。八一歳のおばあさんが、例えば居間でこたつに入っていて、お風呂に行こうと思って、さっきの暖かい部屋から五度以下の廊下を歩いて、脱衣所に行って服を脱いで、もっと寒いですよね。いきなり今度は、三八度とかの湯に入るといったことをすると、恋に溺れるんじゃなくて風呂に溺れるということが起こるんですね。

それから、もう一つが、樋口先生ぐらいの年齢になると、どちらにしても歩かれたらどこかで転ばれるということなんですが、**転倒骨折のけがは、やはり家の中が多いですね**。ここも、先ほどのバリアフリーという言葉がまずあると思います。一センチメートル未満の分からないぐらいの段差、これにこけるというのが一番多い。こういったことも、別に、若いうちは気にしないんで、分からないんですね。建築時もそこまで見ていない。ここを変えなきゃいけない。

例えば、**欧米の家のイメージは、家の中のどこに行っても温度差が少ない**んですね。さっきのWHO基準のように、冬に一八度あるという形になります。これ、日本人からすると、だいぶハードルが高いような感じがしますけれども、これにどれだけ近づけるかということが大事になってくる。

ということで、やれるところからやろうということで言いますと、それは**まずは窓からやりましょう**ということになります。データで明らかなように、冬も夏も窓で大きく熱が伝わっているんですね。当たり前だと思えば当たり前ですが、それ以外の部分に比べると圧倒的に窓なんですね。アルミサッシという話を冒頭にしたと思います。アルミサッシ比率ですね。**窓はアルミではなく樹脂窓にするのが正解です**。

樹脂、そういうのは、われわれ昔、日本人には木の枠の窓があったんですけど、あれは熱伝導で考えると、正しいんですね。熱を通しにくいんです。樹脂窓の比率でみるとアメリカ六五%、韓国八〇%、イギリス七六%。みんな高いんです。なおかつ、中国は、ここ、薄青いですよね。薄青いのはアルミ樹脂複合窓です。パーツがアルミだったりパーツが樹脂だったりしているという窓ですね。ところが、日本はアルミ窓が相当多数あります。冬、外気が寒いのを止めるには樹脂の窓が必要です。

あと、窓ガラスの枚数ですね。一枚じゃ熱を通しちゃいます。二枚が今、多分多いと思いますけど、今はもうＺＥＨというゼロ・エネルギー・ハウスとかでいくと、三枚が普通です。

窓のガラスの数と、樹脂を使っているか、アルミを使っているかで全然違います。ここは、先ほどの断熱の話、いろいろあるんですが、第一歩としては、この窓、特に一番使っておられる部屋の窓からやられるのがよいと思います。

ちょっと情けないデータを出します。日本の家の現状というものです。日本で、バリアフリーの基準と省エネの基準を満たす家は、この六、〇〇〇万戸のうちの二三〇万戸だけです。この確率でしか、基準に適合した家はないんです。そして実は、日本の**バリアフリーの基準、それから省エネルギーの基準。この基準を満たしても、ＷＨＯの基準には届きません**。日本の家はエネルギー効率の悪い昔のアメ車みたいな、ああいうイメージです。

服をイメージしていただければ分かるんですけども、冬寒ければセーターを着て、セーターというのは断熱材ですけども、コートを着ますよね。風も防ぎます。それが普通で、それがＷＨＯ

の基準なんですけれども、日本の状態は、真冬にトレーナー一枚で歩いている、寒いのでたくさん使い捨てカイロを張っている状態、一生懸命、個室ごとに暖房をしている状態が、われわれの生活の状態なんです。ただ、なかなか平安時代からの、歴史的な積み重ねもあり、ほとんどの人が気づけていないということなんです。

住まいの価値の見直し

あともう一つ。これも悲しい情報なんですけども、アメリカと日本で住まいの価値はどうなっているかという点です。これ、建物にかけたお金の額です。それに対して、その建物が今、いくらですかというのがこちらの図です。**アメリカは、かけた分以上に建物の価値が評価されているんです。**それはもう、ＤＩＹ、日曜大工、皆さん好きなんですけども、本当に手を常に入れていって、新しい性能に、そして家族や、生活に合った新しい間口に変えておられるんですね。時代に合った間口に、建物の価値を変えているんです。

ところが、日本人は水漏れするか機器が壊れるか何かしないと、なかなかやらないですよね。そうすると、時代遅れの家になっていって、超高齢社会に合わないとか、そういったものになって、価値が無いと見なされる。実はこの大きさ、金額で言うと日本全体でおよそ五〇〇兆円です。よく新聞とかで、日本人の個人の金融資産が二、〇〇〇兆円と言われてますけども、建物に投資した累積額は、九〇〇兆円あるんですが、そのうちの五〇〇兆円は、「新築プレミアム」とか「住んだ瞬間に価値が下がる」と言われるように消えちゃっているんです、日本では。建物に対する愛情のかけ方が足りないからですね。これが、自分の人生のドタリにも跳ね返ってくる原因になります。

そして日本は長寿社会と言いますけども、**建物は寿命三二歳で死んでいる**んです、日本の家の寿命は、とても短い。もう、ほとんど消費材の扱いですね。

それはれんが造りのイギリスとは違って日本は木だからという説明をされることがあるかもしれませんけれど、いえいえ、**法隆寺は何年前からあるんですか**、ちゃんと愛情を持って手を入れていれば持ちますよということなんですね。建物をすぐ捨てちゃうんですね、日本人は。こういったことを修正していかなきゃいけないということになります。

健康以外の話も申し上げます。この間リフォームをされた七〇歳の方、その方はフルリノベーションを検討されたんです。ただ、自分の貯金の範囲だとちょっと足りない、不安ということで、フルリノベーションをやめて一階だけリフォームされたんです。もちろん一階だけでもやったほうがいいんですけども。その話のときに、実は、その方の土地の価値とかさっきの建物の価値というのをお金に変える、例えば、リバース・モーゲージというものを使ったり、セールス・アンド・リースバックというものを使ったり、もしくは、国がやっているリ・バース六〇といって、リフォームのために六〇歳以上の方が土地を担保にお金を借りられるような仕組みを使えば、フルリノベーションができたんですね。夫婦だけが住んで、お亡くなりになった後は処分ということを考えている方だったんで、十分に選択肢として入ったはずなんです。

住まいについては、後で売却するときの価値とか考えられたら、もっといいリノベーションができます、リフォームができますし、それは地域にとってもいいものになる。例えば、次の世代も、お子さんとかお孫さんが使われるときもいいです。そうじゃなくても、例えば、もう一回、退職後の人がその家を買うとすると、セカンドライフにいい家だったら、高い価値になるわけですね。こういったものが、考えられると、もっといいリフォームもできるようになりますという話です。ただ、まずは窓からやられることをおすすめします。

最後に、樋口恵子先生は八五歳で建て直したとおっしゃいました。本当は、**もう七五歳以上になると、リフォームも建て替えも考えていない、分からないという方が八五%**、一〇人のうち八人、九人は、もう何もしないというふうになられます。何が言いたいかというと、古い言葉ですけども、**今でしょ**、ということです。六〇歳、六四歳の方のお考えでは、六五%ぐらいです。三五%ぐらいの人は何か手を入れようと思っておられるんですけども、年齢を重ねるごとに、もう何もしたくなくなっていくという形になります。

プラス、高齢になってから生活環境を変えると、認知症になったりします。本当は、生活環境は変えないほうがいいので、住み慣れたご自宅でリフォームをされるというのがよいと思います。

今回、四つの市の後援を得て、このような試みをやらせていただいてますが、それら各市に補助金があります。例えば窓だったらできるような形になっているものも多いと思います。国のほうでも、「こどもみらい住宅支援事業（現こどもエコ住まい支援事業）」は、子どもの教育のために使っている補助金みたいに見える名前のものですけれど、高齢者向けのリフォームができます。さっきの窓もですね。こういったことを、ぜひご検討いただき、アクションにつなげていただければというふうに思います。以上で、「シニア世代における『住まい』の選択肢」というテーマでの説明は、終わりにしたいと思います。

――「高齢者の学び」の対象は、高齢者が直面する課題と同じくらい広いことになります。ただし、その中でも、コンピュータとかテクノロジーの話になると、その急速な発展についていけない感じがする高齢者の人が多いでしょう。樋口恵子さんは、特に女性にその傾向があるのは、昔の教育で、男は技術科、女は家庭科と分けられた影響が大きいと強調されておられました。

しかし、他方では、相当多くの高齢者がスマートフォンを持っている時代でもあります。近藤則子さんは「老テク研究会」というような活動を長年やってこられました。高齢者もテクノロジーを積極的に利用しようという運動です。そのお仲間の若宮正子さんは、定年間際にパソコンに接してそれが面白いと感じ、八〇歳になって、「ひなだん」というゲーム・アプリケーションを作って、今や、日本全国どころか世界を駆け回っています。若宮さんに、お話を伺ってみましょう。

5

ICT（情報通信技術）でつながるしあわせ

NPOブロードバンドスクール協会理事
若宮正子

私の経験——戦時・戦後の思い出から

若宮正子でございます。どうぞよろしくお願いいたします。そこに紙の資料もありますが、実は、今日は紙をやめる話をします。それでその前提となる私の話を聞いてください。

まず、私はなんでここに来たかということで、今日に至るまでの経緯というんですか。私が生まれたのは一九三五年の四月で、今八七歳です。子どものときは戦争が始まっていたのね。スライドにあるように、既に戦争をやっていて、スコップを持っているのは、焼夷弾が落っこちてくるわけね、空襲で。そのために**庭に穴を掘って、そしてその上に戸板を乗っけたのが当時のシェルター**だったわけです。そのためにスコップを持って私も手伝うわってんで、小学校一、二年生ぐらいのときですね。その向こうではしごに乗っている私がいると思いますけども、最初は焼夷弾が屋根の上に落っこちたら、地面から屋根に水を投げればいいと思ったんだけど、それじゃとても駄目そうだから、はしごを使ってリレーをするの。バケツを次の上の人、また上の人へと。そのためにバケツとはしごがあったんです。だけど考えてみてください。はしごは木でしょ。なんで木のはしごに乗って、焼夷弾が消せるもんですか。大和魂というのはそういうもんなのね。

私はその大和魂に、小学生、学校に入った早々から付き合わされて。当時、私は東京の小学校にいたもんですから、学童疎開でもって長野県の鹿教湯(かけゆ)温泉というところに連れていかれ、疎開しました。本当に小さな村で、やっと自分たちが食べるものが作れる程度の田畑があるという、そんなところに、何百人という学童を引き受けて当時の村長さんも大変だっただろうと思うんです。最初はご飯が出たんです。しばらくしたらご飯に大根が混じるようになって。もうちょっとしたら大根の葉っぱも混じるようになって。ご飯がおかゆになって、だんだんそのおかゆが薄くなって。私たちは、ひもじくてとてもつらい思いをしました。だから、九つぐらいだとお父さんやお母さんが恋しかったでしょう、と言われることがあるんですが、それよりも、何か食べるもののほうがずっと恋しかったんです。

というような時代を経て、世の中落ち着きまして私は銀行に勤めました。さっきの樋口先生のお話じゃないですけども、当時は大卒の女性というのは採用しなかったんですね。当時の結婚年齢が二四歳ぐらいですから、二二歳で学校を卒業したんじゃ、仕事を覚えている暇などないというのが表向きの理由ですけども、**女は学問をすると生意気になる**というのが本音だったようでございます。

それともう一つは、当時は一九五四年でございますけれども、既に製造業なんかはもう機械化が始まっていたわけです。紡績業とか。しかし、いわゆるオフィス・ワークは江戸時代と変わっていませんでした。**計算はそろばんでやって、お札を数えるのは指で数えて。お客さまの通帳に名前を書くときは、ペン先をインクつぼに漬けて一字一字書いていました。**私は、口は達者、足も達者ですけど不器用なんですね。ですから仕事が遅い。会社のお荷物だったんです。だけど、だんだんとアメリカから機械というものが、電気計算機とかですね、機械というものが入ってきたんです。最初は六桁の掛け算をするのがやっとだった機械もだんだんに発達していきまして、そしてそれはコンピュータというものになってしまったんですね。

機械化と高度成長期

そうなると、他の分野も全部、機械化されました。それで何が起こったかというと、不器用か器用かなんて関係なくなったんです。どんなに指先が器用だって、機械より早くお札数えられる人なんかいないんです。ですから、手先が器用だということは、優秀社員を選定するときの物差しにならなくなった。当時はちょうど高度成長の時期に差し掛かって、今度は物を売る時代になってきたのね。だから作るだけではない、それを売る。そのために営業力というのが必要になってきて、例えば自動車なんかでもたくさん造り過ぎちゃったとか、家電もたくさん作り過ぎちゃった。それを割賦販売で売る。そうするための個人に金融を付けるというクレジット産業なんていうのが出てきた、そういう時代でした。営業活動に今度はそういう人たちがシフトしてきたんです。

私は何をしたかといいますと、企画開発部門に回されたんです。なんでそんな高卒の女性（高度成長期は二〇―四〇代でした）が企画開発しなきゃいけないんだということなんですけども。結局、今、考えてみますと、**私はなんかいろんなことを思い付いちゃうのがすごく好きで、**いつもいろんなご提案書みたいなのを出してたんですね。そのご提案書を見て、「きっとこの人はそういうことが好きなんだろう」というんで企画開発部に回されたんだと思うんですけど、それはとても良いポスト開発になりまして、私の上司も非常に理解があったりしていろんな法人のマーケティングとか、それでついに新商品開発チームに入りまして。今、他行間の口座振替による自動決済制度というのがあるんですけど、そういうものを開発しました。ですから私は、定年まで銀行に勤めましたというようなことで。ちょうどこれも樋口先生のお話にあった一九八五年ですか、男女共同参画のちょっとほのぼのと灯が見えてきた頃ですね。大企業は格好付けなきゃいけないというんで、一応、管理職の端くれみたいなのを女性二、三人つくろうというようなことで、運よく私もその第一波でもって管理職になった口です。

それともう一つは、機械化のために私は会社のお荷物から解放されたわけですよね。だから機械とかコンピュータというのには非常に親近感を持っています。今でもそうなんですけど、例えば**目の不自由な人、特に全盲の人なんていうのは、コンピュータがあるかないかでもって、すごい社会参加の出来方が違っている**わけです。本当に今まではあんまとか、鍼灸みたいな仕事しかなかったのに、今はコンピュータがあるから、一番コンピュータをうまく使って自分の世界を広げているのは、視力障害者、特に全盲の方たちで。ということで、障害のある方の社会参加にすごくコンピュータが活用されるのは当たり前で、私みたいにただ仕事がぬるいぐらいの人だって随分、助かってるわけです。というようなことで、そういう機械とかコンピュータにとても親近感を持っていたのです。

パソコンとの出会い

パソコンというものが世の中に出てきて、**真っ先にそれを買っちゃったのが私**なんです。まだなかなか普通の人が使えるようなものがない頃に、パソコンを買っちゃったんですね。周りの人たちは、「なんであんなもん買うんだろうね、女なんだからさ。ちゃんと桐のたんすを買ってお着物を何枚か買えばいいのに。そのお金を使ってコンピュータを買うなんて変な人だな」と思ったらしいです。だけども、そのたった一つの衝動買いの無駄遣いとも思えることが、私の後々の人生をこんなに変えるとは、そのときの私も思ってなかったんです。

コンピュータを買って何をやったかというと、今でいうＳＮＳです。ＳＮＳの中に老人クラブがあったのね。そこに入って、当時はまだインターネットが使えませんからパソコン通信方式という電話回線を使って、ちんたらやってたわけですけど。でも、**見知らぬ人と交流ができるというのは、私は、好奇心旺盛ですからもうわくわくしちゃって**。そこでだんだんに、お友達ができるようになったんですね。それまでの時代には、友達をつくるというのは、地縁、血縁、職縁ですか。要するに血のつながりがある人か、それから地縁は地域の人ね、ご近所さま。それから職縁というのは、会社の同僚とか仕事仲間。そういう人と友達になるのが普通で、それ以外の見知らぬ人と友達になろうという発想はなかったわけですけども。

コンピュータが、そしてそういうネット社会というものがそれを実現させてくれたんです。私は、それはもうわくわくしちゃいました。そして、それを使って**大勢の友達をつくりました**。まだ一度も会ったことのない、リアルで見たことのない親友というのが何人もできました。もちろんオフラインでオフ会みたいなそういう活動もしました。ということで、私は、本当にコンピュータは素晴らしいなと思いました。

そのうちに、私は母の介護をしなきゃいけなくなっちゃったのね。だけど母の介護をしていたって、普通なら介護孤独とかになったわけですけど、私の場合はパソコンがありましたから。おばあちゃんの枕元でもっておばあちゃんが寝ている間に、いろいろやりとりをする。もっとも、私は不良介護人を標榜してましたから、もう大いにその不良度を上げちゃってね。それでもって、もう一生懸命にパソコンをやって喜んでいるわけですよ。気が付くととっぷり日が暮れていた。いけない、おばあちゃんのおやつあげるの忘れた。そんなどころじゃない、もう晩ご飯作んなきゃいけなかったんだ。おばあちゃんごめんねとか言って、そういう不良介護人をやってましたけど、うちの母はよっぽど丈夫にできてたと見えて、一〇〇歳で亡くなりました。いわゆる健やかに老いて健やかに亡くなったと思うんですけど。

私は母が亡くなりますと、自分の時間がたくさんできました。それで**私はＩＴがあったために、幸せな老後生活だ、介護孤独にも陥らないで済んだ**というので、私と同年代の人にコンピュータやりましょうよということで、**自分の家の狭いところでパソコン教室をやったり、またあちこちで勉強会とか講演会をやったりという活動をしていました。**そしてインターネットができるようになってからは、**メロウ倶楽部**を自主運営で立ち上げました。私はその発起人の一人です。そこにもいろいろ仕事があったんですけど、それ以外にもインターネットを使って自分の世界をどんどん広げていきました。

コンピュータから翼をもらった

いわゆるデビューといったらおかしいですけども、ＴＥＤというアメリカのトークショーがあって、そこの日本版に出て初めて人さまの前で話をする機会をいただいたんです。このときのタイトルが、「アイ・ゴット・ウイングス」。**私はコンピュータから翼をもらった**。その翼は、おばあちゃんの枕元にいたって私を広い世界に連れていってくれたという話をしました。それで、そのうちに私がパソコンをお教えしていた人たちが、スマートフォンって言い始めて。本当はスマートフォンなんか使いたくなかった。私自身もそうですけど、年寄りにとってはあんな使いにくいもんない。今だって私、そう思っています。ガラケーのほうがずっと良かったんですよ。

だけど、もうガラケーじゃなくてこれじゃなきゃ駄目だって。だけどあんなにすべすべしていて本当に使いにくいですよね。あんなものを押し付けられて、非常に迷惑。しかも**年寄りが楽しめるようなアプリなんか何にもない**。だからって、私が作り変えることはできないけど。アプリだったら、誰かが作って入れればいいんでしょ。だから、誰か年寄りの喜びそうなアプリを作ってって言ったんです。僕らは、年寄りがどんなものが好きか分かりませんよ。若宮さん自分が年寄りなんだから自分で作ったらいいじゃないですか。もっともなことを言われました。

いろんな周りの方の手助けもあって、何とか。だけどプログラミングなどとてもじゃないけどって、言ったら、いや、そんなことが大事なんじゃないということは、プログラミングの入門書を書いた先生から言われました。それは大人たちがプログラミングだけは何か特別、難しいもので、大変なものだということを、あんなに騒いでるだけであると。何でも、設計図をきっちり作って、そして大道具小道具をしっかりそろえて、学生アルバイトに二〇万円でも払えば一週間でやってくれる。だけど、大人たちはプログラミングというだけでもう大騒ぎしちゃって。

八七歳のプログラマー。そんなもんじゃないんです。**それよりももっと大事なのは何を作りたいかということと、それからそれをどうやって作るか。だから手順書ですよね。**プログラムフロー・チャートというのは、設計図。それとそこで使う大道具小道具ね。画像とかそれからナレーションとか、そういうものを全部そろえること、それが大事なんですね。日本語で普通に言えば、プログラミングしてくれる時代がもうすぐ来るんです。だから**そういうものをやたらと怖がらないということ**がやっぱり大事だなと思いました。

そして私自身の活躍の場もだんだん世界のほうに広がっていって、**国連の開発委員会でなんと英語でスピーチをしたんです**。日本語だって東北なまりだの、九州の人は九州弁もあるわけで。英語だっていろいろあっていいんだと思って。私は**マーチャン・イングリッシュ**でやりました。国連で発表したときも、やっぱり高齢者にとってITリテラシーは必要だという話をしました。それからそのあともいろんな政府委員なんかもやるようになりました。今、何をやってるかっていうと、高齢者の交流サイト、メロウ倶楽部。それから熱中小学校というのと、あとはこのブロードバンドスクール協会ですね。それから今は岸田首相主催のデジタル田園都市国家構想実現会議という、なんか途中で息継ぎがないと言えないような長い名前の会議、そういう政府の関係の仕事もさせていただいています。あとはエクセル・アートの創始者というのにもなっています。

まずメロウ倶楽部なんですけど、**メロウ倶楽部というのは、まず高齢者も学習しつつ成長する**。学者の先生たちがいっぱいいいろいろな話をしてくださったけど、高齢者が成長するということについて何も触れてくださらなかった。なぜか高齢者は現状維持でもってそれ以上良くはならない、そういう話ばっかり学者の先生はするんですね。だけどそんなことないです。**私なんか、八〇代になって一番自分が成長したと思っています**し、メロウ倶楽部の人たちもどんどん成長してます。だから高齢者も学習しつつ成長すること。そして、年寄りだからといってあきらめず、できることで社会貢献をして社会に優良なる人材になることを目指しましょうという、そういう気持ちでやっています。ですから、本当に私たちはその中でどんどん成長していますし、新入会員さんは先輩が指導してだんだん育っていく。その育った人がまた後輩を指導するということで。人を育てるということが、すごく育てる側の成長にも役立っているわけですね。というようなことで、どんどんやっています。

デンマークなどでのデジタル化

今日本当にお話したかったのは、**海外ではもう未来が始まっているということ**です。それなのに、日本人はフレイル防止とかで何を何グラム食べるか、そんなことばかりやっている場合じゃないです。もう世の中、もっともっと大変なことが起きています。私は六月にデンマークに行ってきました。これは私、デジタル庁の仕事もしていますけども、デジタル庁から飛行機の切符を買ってもらったのではなくて、私のポケット・マネーで買って行きました。でも大使館やなんかは紹介していただいたんですけど。

なんでデンマークに行ったか。理由は、二つあります。一つは、デンマークでは、**電子私書箱というのを作って、紙の通知というのは中央官庁も市町村も一切出しません**と。だから全部インターネットでしてください。例えば、三回目のワクチンのご案内なんて来ますよね、日本では。あんなの来ないんです。もう一つ、この国が不思議だなと思ったのは、幸せランキングが今は二位なんですね。この頃は国連もＧＤＰとかいって経済力でもって国のランク付けをするだけではなくて、経済だけが良くったって国民が不幸だったら駄目だといって、国民の幸せ度、幸福度のランキングを作るようになったんです。

今、フィンランドとデンマークがこの幸せランキングの一位、二位を争っています。太陽が出てる時間が短くて、冬は暗くて長いんです。そして、遊べる場所も少ないところです。特別おいしい料理があるところではないんです。なのに、なんでこの国民はこんなに幸福なの。これ国連の世界の幸福度ランキング。今、フィンランドが一位で、二位がデンマークでしょ、スイス、ノルウェー、どっちかというと寒い国が多いんですけど、**日本は六二位だそうです**。これ、皆さんどう思いますか。六二位。待って、そんなはずはない。もっと日本にいることは幸せだなと思う方は手を挙げてください。意外と少ないですね。なのに日本にいる。だけど、よその国の場合は幸せじゃないと思っている人たちはみんな海外に働きに行ったり、海外の大学に行ったりしているのに、日本の人って日本にいて、日本で勉強して日本の会社に勤めたりしてるのに、そうなのかなとつくづく思います。ということで、その幸福度では、ここで二〇一四年に初めて国連が調べたときに、幸福度が第一位。今ノルウェーと争ってます。デンマークってそんなにいい国なのでしょうか？

「**どうお答えしたらいいのか分かりません**」。今、急に**私のスマートウォッチが答えてくれました**。これ今日のジョークの中で一番優秀ですね。本当にこの子は優秀だと思います。デンマークは、まず税金がめっちゃ高いです。なぜなら消費税が二五%ですから、やっぱり相当つらいと思います。そして、いわゆる所得税はなんと最高は七割。そして、車を買うと税率一五〇%。だから一〇〇万円の中古車を買ったら二五〇万円を払わなきゃいけない、そんな国です。ただ、学校は小学校から大学まで全部タダです。そしてお医者さんは一割負担とか三割負担というのはなくて、全部タダです。だけども、一方で税は本当に高い。

それで、**この国がなぜコンピュータ化を急いでるか**。これがまた面白いのね。日本ではなんでコンピュータをやんなきゃいけないのというと、持続化給付金なんかもひと月もかかったのが、二日目から三日目に送ってもらえるとか。役所にいても同じ住所と名前と生年月日と四回も五回も書かなくても済むんだよとか、そういう程度の話。そういうことしか日本では考えていないんですけど、この国ではなんでかというと**経済効果です。紙の通知をやめれば、紙の通知を作る人もいらなくなるし、また返信封筒が来たら、その返信を読み取って処理する人もいらなくなる。**余分なお金がいらない。だから年間三億ユーロ倹約になると。

もう一つ。**この国はガラス張りの国**なんです。ぶっちゃけた話、全部ガラス張りでもって、政府も全部本音で話をする。国民にあからさまに、「実はコロナもあったりいろいろ、大変。ウクライナのこともあるだろ。政府もお金がなくなっちゃったんだよ。これ以上今までどおりの年金とか医療費とかを、今までのレベルではやれることができなくなった。だから今やれる対応をやろうと思ったら、税金をもっと上げなきゃいけない。税金を上げないと給付を下げなきゃいけない。それだけど、全部コンピュータでやって、いろんな事務費というのをなくせばもっとお金が浮くから当分それでやれる。だけどそれには若い人たちだけじゃなくて、**年寄りもみんなコンピュータやんないと、それを実現できないからコンピュータやってくれないか**」ということになって、それでやることになったというのが一番の理由なんですね。だから、やっぱりその辺がちょっと他の国とは違うところかもしれません。

紙の通知がなくなったらどういうことになるかというと、みんな何らかの形でインターネットに接続してやることになります。例えば子育て。あなたの家の近くに保育園が新しくできましたとか、あなたは要介護二の認定が受けられました。それからあそこは、病院は全部公立ですから、**お医者さんから何とかの検査の結果なんかも、全部インターネット上に報告があるわけ。だから、それを自分が見に行かなければ誰も分からないわけね。**そういう時代がもう来ているんです。ただ、これは毎日見に行かなくても実はメールに転送してくれたり、あるいはメールでもって政府からなんか言ってきているよとお知らせが来るので、一応いいんですけども。建て前としては**一五歳以上の全ての国民は一日一回以上、政府のデジタル郵便受けにアクセスする義務があると**いうことになってるんです。

だから、「俺、知らんかったから損した」と言いに行ったって、そんなの駄目だし。「あんた、交通違反の罰金払わなかったでしょ」、「だって通知見てなかったから知らなかった」と言っても免責されないんです。それでもやっぱり、「私は駄目なの、あのコンピュータというのが」と言う人がいるんですよ。どうしても駄目という人は例外グループとして、その例外グループを何とか救済していく。まず家族が教える。ボランティアが教える。でも、それでもやっぱりこの人はちょっと認知症っぽいから、もうこれ以上教えても無理だという人は、**デジタル後見人制度**というのを作ってそれで保護するというわけね。

家族が手伝うといっても、だって日本だって、「お父さんね、その右下の緑色のボタン押してみな」とかやってるじゃん。そんな生易しいもんじゃないんです。息子とお父さんで画面共有して一緒に教える。それでさらに、息子ＩＤとお父さんＩＤを使って、遠隔でもって決済をすることもできるんです。そういうことで、家族がそれをやるわけね。だから今度なんか息子用のマニュアルをビデオで作るそうです。とにかく家族は大変。

だけど、私みたいに誰も身寄りがいない人はどうするの。それは自治体職員と、それから割とあの国の人は老人ホームに入りますから、老人ホームの介護士さんたちが手伝ってくれる。ちなみに、**老人ホームに入ったからもうＩＴなんてどうせ関係ないとか、大間違い**です。この国ではちゃんと高齢者施設にＩＴのチームが行って、老人ホームでも一生懸命、入居者に教えてます。だから既に始まっている未来はそういう社会なんです。

それともう一つは、やっぱりボランティアが教える。ここでは**図書館というものが大変大きな役割を果たしている**んですね。日本の図書館と海外での図書館。特に、デンマークの図書館というのは位置付けが違うんです。私はこれからの図書館というのはキー・ワードだと思うんです。今まではタダで本を貸してくれる貸本屋。だけど結構、待たされるんですけどね、読みたい本読むのにね。タダで本を貸してくれる貸本屋にすぎなかったのが、この頃は視聴覚教材ですか。なんか昭和のにおいがしますね、ぷんぷんね。昭和のにおいのする視聴覚教材がやっと出てきたと。だけどもう、それは情報というのが全て図書だった時代の話。

今は、情報というものが、ＣＤとかＤＶＤとかいう視聴覚教材が出てきたわけですが、日本じゃそこで止まってしまっている。さらにもっとインターネットも出てくれば、それからなんですか。いろいろなメタバースみたいなの、ああいうのも出てきてね。オキュラスの何とかとか。だから、ああいうような道具も、とにかく情報をゲットする道具はそこに全部置く。だから、**図書館という名前は、恐らく近い将来、情報館になる**と思うんです。そこが情報の拠点になる、ならなきゃいけないんです。それも既に始まっている未来なのね。

そういうことをやっているのは、そういうような**高齢者のＩＴリテラシーの向上は誰がやっているか、デンマークでは老人クラブなんです**。少なくとも私の住んでいる地区の老人クラブでは、あんまりＩＴの話題というのは出ません。ゲートボールをやったりおやつ食べながら歌を歌ったりしているぐらいで、江戸時代からあまり進歩してないんですね。だけどよその国じゃもう、こうなっているんです。それを、**実際に支えているのはボランティアなんです**。ボランティアがコーヒーショップやなんかで教えて。隣のおばあちゃんを教えるというのがボランティア。

ボランティアというのは、日本のデジタル庁なんかはあそこ役所ですから、すぐに資格を持って一八歳以上だとか、何とかの資格試験に受かったほうがいいんじゃないかとか、余計なことをするんですよね。そんなんじゃない。だって間違ったことやうそを教えたって誰も死なないですよ。だから、もっともっと国民のやりたいという気持ちをうまく引き出すべきなんだけど、どうしても頭は押さえたいらしいのね。だから、本当はボランティアが教えて、教わった人がまた次の人に教えていくというような話にならないと。

でも、やっぱりメロウ倶楽部だってそうですけど、通常的な処理はできても、何か新しくシステムがバージョン・アップなんかして、今までとはだいぶ操作手順が変わるとか、パソコンだって何だって、がらっと変わっちゃうときありますよね。ああいうのには対応できない。だからそれが不安だという人のために、ちゃんとデモ環境があって、そこでシミュレーターじゃないですけど、そういうところでもって自分で操縦してみるわけです。安心したら、今度、自分のコンピュータでやる。日本はスマートフォンで全部やって、それでまた老人にそのスマートフォンが嫌われているわけですけども、この国は別に**インターネットを使えばいいんです。スマートフォンだろうとタブレットだろうとパソコンだって何だっていい**。パソコンは図書館とか、市役所にパソコン・ルームがあって、これはタダで使ってもいいことになってるんですね。そういうことで、これはデンマークで始まっている未来です。

あともう一つ、エストニアという国でも既に始まっている未来。デンマークでは必ずしもＩＴリテラシーというのが、そういう近代化というか、未来に近づくということを、お金を倹約するために、コンピュータ化するという。**エストニアというのはまたちょっと家庭の事情が違います**。

エストニアに私が行ったのは二〇一九年で、まだコロナが始まっていない頃ですけど。そこに行くきっかけになったのは、これはイノベーション・フォーラムという催しがあって、それがマイアミであったんですね。そのときに近藤さんと一緒にマイアミまで行ったんですけど、そのときのキー・ノート・スピーチをやった方が、エストニアの元大統領のヘンドリックさん。「**電子国家をつくった成功の鍵はなんですか**」という質問に対して**それは金融機関と提携したからです、**銀行の頭取さんを呼んで口説いて一緒にやったからです。その話をデンマークでしたら、当たり前です、そんなのは。うちなんかもやって、デンマークでも昨秋の新しいシステムに変更したときの開発費用は銀行協会に半分持たせましたと。その代わり、銀行と同じような操作手順にし、デザインなんかも全部同じにしています。

話をエストニアに戻すと、エストニアというのは小さな国です。人口一三〇万人ね。ロシアに国境がべったり付いているという国です。だけどここでは**インターネットを使えるということは社会的権利なんです**。自分の家は山のかげだからインターネットが使えませんとなると、国はその人のために、タダでインターネット回線を持ってこなきゃいけないんです。だって義務なのね、そういう国なんです。

エストニアではいろいろなことをやっているんですけど、まず私が行ったのは政府のショー・ルーム。あんた日本人か。今日は運が悪くまた日本人が来たよって。**日本の視察団、嫌われてるんです**。なんでですかと言ったら、「何か聞きたいことがあったら言ってください。あんたは何を聞きたくて、何が調べたくて、わざわざエストニアに来たんですか。簡単なことだったら、あんたこれ、嫌みたらしく日本語のAmazonのあれ出してきてね。エストニアのその程度のことだったら、わざわざ飛行機の切符買ってここまで来なくたって、エストニアについての本、何冊か読めば分かるじゃないですか」と言って。意地悪なんですね、このおっちゃんがね。

でもそれにはわけがあって、日本の視察団が来ると、なんのために来たんですかと聞くと、いや、視察団の予定表に入っているんですよ。だから、しょうがないから来たみたいな。俺たちはそういうことに付き合っている時間はないんだ、って。私はそういうんじゃない。一人で来たし、聞きたいことはこれこれだ。あっ、聞きたいことがあるのね。それはまともなお客だから、まともに対応すると言われたんですけど。エストニアに行ったときも、ただ単に政府の意見を聞きに行くだけだったら、わざわざ行くことないんで。

エストニアの高齢者が本当にどうやってパソコンを使っているのか知りたかったので、エクセル・アートのワークショップをやってね。そこに来てもらって実際にやってもらって、そしたら英語版のWindowsのパソコンを三〇台借してもらったんですけど、しゃかしゃか使えますね。

要するに何が起こったかというと、そのエストニアでアンケートをやったんです。その結果、エストニアの人たちは本当に、サービスをお年寄りの八四%の人たちが全部、自分で使いこなしている。そして、その**デジタル化で暮らしの幸福度が上がったかと聞いたら、イエスと言った人**

は九三%。要するに顧客満足度九三%の商品を作ったから、政府が威張っても、これはやむを得ないかなと思いました。

そして、コンピュータ化して何が一番便利だったのかと聞いたら、eバンキングです。だって当たり前でしょ。税金なんか確定申告、年に一回ですよ。選挙だって年に一、二回でしょ。だけど銀行取引推移というのは、これからキャッシュレス時代になったら毎日、残高推移と取引推移を見ていないと心配です。だから銀行取引はそれで、今はもうどこも、町中は別として田舎に行ったら支店なんか絶対ないし、ATMもないですよね。eバンキングに頼らざるを得ないでしょ。だから、eバンキングに頼ったら、もうこれしかないんです。そういう時代が来ている。

デジタル化と高齢者

最後に二つ。エストニアの高齢者に、「あんたたちすごいコンピュータ達者だけど、誰に教わったの」と聞いたんです。あの国にはスマホサロンだのコンピュータ教室はないんです。家族から教わったという人もいました。**一番多かったのは自己学習。バイ・マイ・セルフ。自分にとって大事なことだから自分でやった**。やっぱり自立性と主体性がある。だから、偉い先生の話をたくさん聞くことも大事だけれど、それはあくまでも参考。自分たちはこれから勉強して、そしていろんな知識を得て盲従しない。いろんな人の知識に盲従しない。日本はもう非常に遅れちゃった。

日本は二〇〇〇年にＩＴ戦略会議というのを政府でやったの。そのときに、もう既にＩＴ革命を歴史的に見ると、わが国のＩＴ革命の取り組みの遅れ、情報格差の是正が強調されていた。二二年間、その後、全然、変わっていない。どうしてそんなことになっちゃうのか。やっぱり上に立つ人が高齢で、デジタル化に対して積極的でないから。私たちの責任は重いんです。だから若い人たちにもどんどんやっぱり、デジタル経験をしてもらう。本当にもう時代が変わっているんです。そして選挙の票にならない。そういえば与党も野党もＩＴ革命を実現、なんていうのが公約にないし、たすき掛けで演説している立候補者の話の中にも、わが町に5Gを引っ張ってきます、そんな話は誰もしませんね。要するにそうなんです。こういう国なんですから、もうこれから何とかしなければいけないと思っているんです。本当に今日は貴重な時間を拝借して、ありがとうございました。

――九〇歳の樋口恵子さん、八七歳の若宮正子さん。その元気さや前向きの考え方にはただただ感銘です。高齢社会の課題は、さまざまにあります。その中で、経済的な基盤をどうするかは重要なことになります。二、〇〇〇万円問題が大きく取り上げられたのはつい最近で、高齢期には少なくとも二、〇〇〇万円の貯金が必要だという。それがない人はもちろんですが、それがある人にとってもそれで大丈夫か不安になります。そもそも、その時点までの資産形成について、日本でのこれまでの考え方には問題があるようです。

金融その他そういう問題に関わってこられた田邉さんに聞いてみましょう。

6

資産運用
——超長寿社会を生き抜くために

武蔵野大学客員教授
田邉昌徳

個人にとっての資産運用

皆さんこんにちは。田邉と申します。ここでのテーマは高齢者の資産運用です。私がこのようなテーマをいただいたのは、ずっと金融のことをやってきた人間でございまして、日銀とか、それから一時期、金融機関の資産運用をお手伝いする専門の会社にいたりとかですね。今現在も、一〇〇兆円ぐらいの資金を運用している農林中央金庫というところで社外取締役のようなことをやっております。そんな仕事をしてきているから、資産運用の話を、おまえならできるんじゃないかということでのご指名だとは思いますが、実はそう話は簡単ではございません。**金融機関がやっていることと、個人がやっていることとは、随分違います。**

例えば金融機関ですと、最新の情報を幅広く集めることができますし、難しい知識を使ってデータを分析する専門のスタッフがいたりします。個人ではそんなことできません。それから、よく分散投資が重要だと言いますよね。一つの金融商品に偏らないということでして、預金とか債券とかだけではなくて株も、場合によっては日本の株だけじゃなくて、海外、アメリカの株とか、に分けて投資する、そういうことです。金融機関ですと、巨額の資金を使っていますから分散もできます。でも個人で、普通の個人でそんなに分散と言われても、限度があります。それから、企業は永遠に続く存在です。しかし、個人は永遠には続きません。言い換えると、いつ寿命が来るかも分からないという意味で、期間が定まらないわけです。そこが個人と金融機関が大きく違うところです。

また、金融機関は認知症にはなりません。だけど人間は、認知機能が大なり小なり落ちていきます。それから、会社はもうけることが前提といいますか、究極の目標ですけど、個人はお金を貯めることが究極的な目標ではありません。使う、活かすということが目標です。

ですから、資産運用のプロみたいな顔してしゃべっておりますけれども、実は金融機関と個人の資産運用というのは話がだいぶ違うということなんですね。しかし、実は今申し上げたことは言い訳だけではなくて、個人の資産運用を考えるときの重要なポイントでもあります。つまり、**投資の期間が定まらない、認知機能の低下に直面する、そういうことは個人の資産運用にとって決定的に重要**な前提です。

それから、資産運用という場合、金融資産つまり、預金、債券、株式、そういうようなものを思い浮かべるのが普通です。けれども、人々がどのくらいの金融資産を持っているかというと、平均でみると七〇歳代で大体一、七〇〇万円です。しかし、不動産はそれを超えて二、五〇〇万円ぐらいになっているんですね。だから、普通の金融機関にとっては運用と言えば、基本的に対象は金融商品ということになるのですが、**個人にとっては、実は不動産をどう考えるかというのが非常に重要**なんです。

不動産というのは、人間と同じかもしれませんが、年を経るとだんだん劣化していきます。いろいろ修繕をしないとならなくなったり、ひどいときは雨漏りもするかもしれません。そういうメンテナンスというのは、だんだん年を取ってくると肉体的にも経済的にも、あるいは精神的にも負担が大きいと思うんです。ちょっと不穏なことを言いますけど、首都圏で直下型の大地震が来るんじゃないかと言われています。三〇年以内に六割とか七割の確率でとか言ってますよね。地震が来たら、自分の家を修繕したり、あるいは倒れた家具を直したりとか、そういうことも、ものすごく大きな負担になるということはよく考えておく必要があると思います。

そういうことからすると、きちっと相続人がおられて、お子さまがおられて、自分の今住んでいる家にちゃんと住んでくれるというか、引き継いでくれるということが、はっきりしていれば、不動産を持ち続けるという選択も良いわけですが、そうでなければ、最近はやりの、**リースバック**という手法を使うことも一案かもしれません。個人的には私、家内はいますけれども、子どもがいないので、先々のことをより深刻に考える立場にあります。リースバックのリースというのは貸すということです。レンタカーのレンタルみたいなものですね。それにバックだから戻すと。これはどういうことかというと、業者に、自分の家を売る。売るんだけれども、その業者から今度は自分が借りる形で住み続けるというものです。それがリースバック。最近、テレビでもよく宣伝していると思います。

それから、もう一つ、**リバース・モーゲージ**というのもあります。リバースというのは逆という意味で、モーゲージというのは住宅ローンみたいな感じの意味と思っておいてください。どういうことかというと、自分が住んでる家を担保にお金を借りる。担保にして借りるので、借金というか、ローンではありますけれども、現金がすぐ手に入る。自分が亡くなったときには、生命保険、あるいは基本的にはその家を担保に取って銀行などがローンで貸しているわけですので、その担保を処分する形で返済する、銀行はそれでローンを回収するという仕組みです。機能としては、リースバックとよく似ています。そういうのを使う。つまり自分の家を現金化するということになりますけど、そういうことも考えていいんじゃないかというふうに思います。

しかし、これらの手法、もちろんいいことばかりではありません。例えば、利用者が期待するような値段で買い取ってくれるか、あるいは担保評価してくれるかという話は、当然、すぐ問題になりますね。イメージとして、リバース・モーゲージの場合には、相場の半分です。市場で取引されている値段の半分の担保価値にしか、大体見てくれません。多くても六割とか。ただそれは考えようでありまして、別にその残りを取られてしまうわけでもありませんから、半分の担保価値でも住み続けながら、現金をもらえるというのは悪い話ではないとも言えます。

また、特にリバース・モーゲージの場合には、仮に夫婦として、世帯主の旦那さまが亡くなって奥さまがお一人になったときに、引き続き住み続けられるのかという問題があります。普通は住み続けられるようにします。しかし、そこに子どもがいたらどうするのかとか、あるいは、甥っ子さんが住みたいと言っているという場合に、途中で契約条件を変えられるのかとか、いろんな問題があるので、結構ややこしいです。使えるのは使えるんですけれども、結構ややこしいということは念頭に置いておいていただきたいと思います。

前置きが長くなってしまったんですが、今日、お話しようと思ったのは、高齢者の置かれている状況、高齢者の資産運用の課題、役に立つサービスといったことです。以下、順にそういうようなお話をさせていただこうと思っています。

高齢者の置かれている状況

高齢者の置かれている状況というのをまず確認をしておこうと思います。例えば七〇歳のところでは、男性はあと一六年寿命がある、女性はあと二〇年寿命があるということであります。ちなみに、一〇〇歳以上の男性は今、一万人おられる。女性は七万五、〇〇〇人、日本全体でおられるということです。やや角度を変えて、何歳まで生きる確率がどれぐらいあるのかということを見てみましょう。このデータは、もともと二〇一五年に、つまり七年前に六五歳だった人、一九五〇年生まれ、昭和二五年生まれの人についてということであります。ちょっと古い資料ではありますが。男性の場合、現在七二歳の人というふうに単純に読み替えますと、八〇歳まで生き延びている確率が七三％。九〇歳まで生き延びるのが一〇〇人のうち三五人。一〇〇歳を超える長寿の人は一〇〇人のうち四人。女性の場合には、八〇歳まで生き延びる人が九割近い。九〇歳六割。一〇〇歳を超えて生き延びている人が女性の場合、一四％いるということでございます。

よく人生一〇〇年時代とか言いますけれども、特に女性の場合には、ひょっとしたら一〇〇年時代じゃなくて、もうちょっと生きるぞという前提で考えておかないといけないかもしれません。一〇〇歳になったからもう年金以外、お金が一銭もありませんということであれば、困ってしまうということになりかねないです。

じゃあ実際に高齢者の収支がどうなっているのかというのをちょっと見てみましょう。老後収支の試算というものですが、ここでの前提は、旦那さんが六五歳以上、奥さんが六〇歳以上で無職、つまり年金生活という前提です。その人たちの月々の収支がどんな感じかというと、**収入は二〇万九、一九八円、二一万円ぐらいですね。支出は二六万三、七一八円**、あんまり円単位で細かく言っても意味はないですので、大雑把に二一万円と二六万四、〇〇〇円くらいという感じです。言い換えると、毎月五万何千円かの赤字になるわけです。この人たちが三〇年、六五歳から九五歳までこのまま生きたとすると、つまり高齢期が三〇年だとすると、毎月五万数千円、年間で六〇万円、三〇年で二、〇〇〇万円ぐらい貯めておかないと、収支の赤字が埋めきれないということになるんですね。

どんどん長生きするようになっていますから、実はそれでも甘いかもしれません。でも逆にいろんな試算がありまして、赤字は今このデータでは五万数千円となっていますけど、一万円ぐらいの赤字で済んでいるんじゃないかと言っている学者の方もおられます。しかし、この二、〇〇〇万円という数字は、結構、一時有名になったもので、覚えておられる方がおられると思いますけれども、金融庁、もともと厚労省が試算したのですが、二、〇〇〇万円足りないというのは、国の制度が不備ということになる、そんなことをそんな大声で言うのかと言って、政治問題になった、いわくつきのものでございます。

ただ、日銀のアンケート調査で、これは世帯主が二〇歳以上で二人以上の家族がいる世帯が対象ですが、目標金額としていくら貯めたいですかと聞くと、三、〇〇〇万円を超えてるんですよ。さっき二、〇〇〇万円が必要だという話をしたんですが、じゃあいくら貯めようと思っていますか、老後のためにと言うと、イメージ六五歳までにということなんですが、三、二〇〇万円。ものすごい金額になっているわけです。

実は、統計の取り方にもよると思うんですが、総務省の調査によると、二〇〇〇年時点で**高齢夫婦無職世帯の平均貯蓄額は二、三二四万円、現実に二、〇〇〇万円を大きく上回るものを持っておられるんですよ**。必要だという以上のものをですね。それから、ちょっと年齢階級別に見た就業率をご紹介しましょう。男女に分かれていて、七〇歳代前半、七〇歳代後半以上、それぞれデータがあります。**七〇歳代前半で仕事をしている男の人は四一%、七五歳以上でも一六%、女性でも七〇歳代前半で二五%の人が働いている**。七五歳を超えた女性でも七%の人が仕事を持って稼いでおられるんですね。日本全体が高齢化していて、若い人が少なくなっていますから、年寄りが働くということは、日本社会全体のためにとっていいことだというふうにも思います。それから何よりも、よく言われることですけれども、社会とのかかわりをキープすることはいろんな意味でいいことです。それぞれの個人にとって働くということは、そこで人間関係もできますし、社会との接点が広がるわけですから、いいことだと私は思います。

しかし、ちょっと海外を見てみましょう。日本、ドイツ、イギリス、アメリカ、フランスについて、所得の内訳を比較してみましょう。公的所得つまり年金と、働いて得ているお金のほかに、資本所得に分けて見てみます。資本所得というのは、株の配当だったり、金融資産の取り崩しであったり、不動産を持っている人でそれを貸して得られる家賃とか、そういうようなものです。

日本の六五歳以上の人の収入の内訳を見ると、四割近くが働いて貰っている収入で、アメリカもほぼそれに近いです。そうなんですが、ドイツはそれが一五％、イギリスも一五％、フランスは五・五％。つまり**ドイツ、イギリス、フランスのような国では年金で生活してる**わけですね。言ってみれば悠々自適、そういう感じです。

皆さん最近本屋に行かれると、資産運用のコーナーとかに寄られることがあると思うんですが、FIREという名前の付いた本をやけに見られることが多いはずです。FIREというのは、火のFIREなんですけどね。**Fは Financial、金融ですね。Iは Independence、自立している、金融的に自立していると。Rは Retirement、リタイア、退職ですね。最後のEは Early、早くです。つまり、早く仕事を辞めて悠々自適に暮らす。**これは何となく、欧米の一つの理想的な人生の送り方というふうにされているわけですね。

日本でも、さっき申し上げたようにFIREがだいぶ話題になってきて、本屋にそういう名前の付いた本が並ぶようになってきましたが、この辺については、日本はちょっと他の国とは違うぞということは分かっておいていただいてもいいのかなと思います。

それから、ちょっと言いにくいことを言うことになりますが、今まで平均というところでずっと話をしていたわけですが、高齢者世帯の貯蓄の残高、ここには株とかは入っていないんですけど、一般的な世帯、つまり若夫婦から高齢者夫婦をすべて平均したグループと、世帯主が六五歳以上の高齢者世帯に分けてみますと、先ほども紹介した総務省の調査で、**高齢者のほうは、四、〇〇〇万円以上の貯蓄を持っている人が、一七％以上とすごく多いです。他方で、一〇〇万円も預金を持っていない人が、高齢者のうち八％ぐらいおられます。ものすごい格差**があるんですね、正直言って。ここの中のどこに自分がいるのかということによって、ひとくちに高齢者の資産運用といっても、全然、話が違うわけです。だけど、そういうことをあまり強調すると話が進められなくなります。ただ、特に行政とか、金融サービスを提供する金融機関の人は、よくこういう現状を知っておく必要があるとは思います。

それから、認知症の発症率、特に女性は顕著なんですが、七〇歳を過ぎると急速に認知症の方の割合が増えてくるということがあります。程度の差はありますけれども、自分で、例えば資産運用であれば、預金を下ろすとか、ＡＴＭを使うとか、送金をするとかがままならないといったふうにだんだんなっていくわけですが、そういう認知症の人が保有する金融資産はどれぐらいあるかというと、**二〇二〇年、二年前ですね。認知症の人が持っている金融資産が一七五兆円**あるんです。日本全体で。個人の金融資産は全体では二、二〇〇兆円ぐらいという感じだと思います。認知症の人が持っている不動産もやっぱりたくさんあって、八〇兆円ぐらいです。今後、ますます認知症の人が増えますから、認知症の人が持つ資産の割合というのも、当然、右上がりに増えていくということであります。

言うまでもありませんが、高齢になって**認知症になると資産運用、資産管理をちゃんと行うということが難しい**です。私はあえて言うんですが、樋口恵子さんのような特別な方もおられますけど、**平均的に見て七〇歳代は、普通の人なら、まだ一応、ちゃんと個人の資産運用、資産管理ができる最後のチャンス**。八〇歳になると、平均的に言うとなかなか厳しいものがあるなという感じになるということでございます。

資産運用・管理のコツ

そういう認知症のことも踏まえ、どうするかということなんですが、金融庁が取りまとめた、なかなかいいなと思っている資料がありまして、「高齢社会における資産の形成、管理面での心構え」。これ、報告書の本体じゃなくて、付属文書ということになっています。まず現役のとき、次にリタイア期前後、六五歳前後ということでしょうか。それから高齢期、これら三つの段階に分けて考える必要があると。資産運用にあたってはですね、高齢期になると、資産の計画的な取り崩しを実行するとともに、認知判断能力の低下に備えて行動する時期になってきます。それまでは働いて貯めるということですね。だけど、高齢期ということになると、イメージ六五歳以上になると、だんだんそういうことを考えていかないといけなくなります。

認知判断能力の低下に備えるという意味では、三つ挙げられています。**取引関係をシンプルに**

する、金融資産の管理方針を決定しておく、金融面の必要情報を信頼できる人と共有しておく、この三つということです。それをもう少し個人的な考えを含めて踏み込んで言いますと、取引関係のシンプル化、これが重要だと思います。やっぱり、いろんなこれまでの生活のシーン、引っ越したりということもあったでしょう。そうするとどうしても、いろんな銀行との取引口座が増える、カードの枚数ばかりが増える。保険契約も親しい人に勧められたりなんかして、保険の契約をたくさん持っているというケースもあると思います。**古稀の七〇歳というのはそれを整理する時期**じゃないでしょうか。預金口座については、ちょっと大胆に言うと、せいぜい二つでいいというふうに私は思っています。

二つの口座のうち一つは、いろんな公共料金の引き落としであったり、年金が入るところであったり、そういう日々お金が動くような口座。もう一つは、もう少し長い目で見て、典型的に信託銀行のようなところに口座を持って資産運用について受け皿になるような、そういう口座。二つあればいい。実は私、昔、預金保険機構というところの理事長などをやっておりまして、そのときはどういうことを言っていたかというと、当時、金融危機の時代でしたから、預金口座を分散してください、預金保険は一人一、〇〇〇万円までしか保護しません。だから二千数百万円ある人は三つに分けて、別々の三つの銀行に分けて持ってくださいということを言ったりしていました。

しかし、最近は、金融システムも金融機関の経営も安定しています。監督規制と言ったりするんですが、行政の目の光らせ方も非常に強くなっています。したがって、昔ほど分散、分散とあんまり気にする必要は、私はないと思います。だけど、もちろん役員のスキャンダルが報道されるとか、やけに高い金利で集めているとか、そういう不穏な話があるところはやめておいたほうがいい。一つか二つに絞るときに、わざわざそういうところを選ばれるということはないと思いますが、そういうことだと思います。証券会社も保険会社も、いくつかの会社と取引がある、契約があるという場合は整理する時期なんじゃないかなというふうに思います。

二番目の**金融資産の管理の方針、決定**。先々どうするのか、どう相続するのか、いつの段階で取り崩しを始めるのか、いつまで頑張って貯蓄を続けるのかということなんですが、やっぱり気持ち的にそういうことを決めるというのは、躊躇すると思うんですね、正直言って。そういうことを決めるのは先送りしたいというのが、自然な人間の感情じゃないかなと思います。それはなぜかというと、実際、自分がいつまで元気に生きているのかということが分からないからですよね。分からないことを決めろと言われてもという感じもある。技術的な話になるんですが、そこで重要なのが、私、二つあると思っているんです。一つは、**一時払い、終身受け取りタイプの保険の活用**。これはどういうものかというと、普通の公的年金も典型的にそうです。働いているときに給料から天引きで保険料を払って、今七五歳まで繰り延べられますけれども、六五歳になったら死ぬまでその年金を受け取れる。事前に払っておいて死ぬまで受け取れる、そういう保険があればいいですよね。公的年金は毎月給料天引きのイメージだと思うんですが、高齢者になって、例えば不動産を処分するという形だったり、あるいはそれまでに貯め込んだ預金があるといった場合、それを一時払いで保険料として払って、その代わり、死ぬまで生活費用は全部見てくれるというものがあれば、ある人は短期間のうちに天寿を全うされるかもしれない、ある人は一一〇歳を超えても生きるかもしれない、そういう非常に不確実な状況をカバーできるわけです。そうした機能は、保険しかないんですよね。だから、保険会社にいろいろもっと頑張ってもらいたいなというのが正直なところです。今、いくつかその手のものは、もちろん出ています。例えば、老人ホームに入るときに一時金を払っておけば、死ぬまでずっとその老人ホームに払わなきゃいけないお金を出してくれるような保険もあります。個人を対象にした年金保険というのもいっぱい出ています。しかし、細かくは言いませんが、私の見るところ、もうちょっと商品性を上げて、死ぬまでまだもっとたくさんもらえるような工夫が、実はいろいろできるんだけれどもというところがあって、もうひと頑張りしてもらいたいなという感じを持っています。

それから、もう一つ。これは先ほど申し上げた高齢者の資産運用の心構えの三つ目の**金融面の必要情報の信頼できる人との共有**という話で、ここは、いくつか枠組みが実はできています。高齢者に対するサポート、ちょっと堅苦しい用語ですが、**財産管理と身上保護**、つまりお金のことと身の回りのことについて信頼できる人にサポートしてもらうということです。公的な後見人制度というものもありますし、それから最近はやりの家族信託とかいろいろあります。一つだけここで申し上げておきたいのは、任意の契約というのもあって、業者の方がいて、後見のようなサービスをしますよ、病院に入院するときはその費用保証もしますよ、死後事務といって、役所への届け出とか、お墓のこと、遺言の実行、その一切合切全部やりますよというサービスをしてくれる業者があるんです。実際、便利です。しかし、よく見ると、しょっちゅう様子を見に来てくれるかと思ったら、一か月に一回電話がかかってくるだけとか、あるいは残った財産をその業者の人が全部、持っていっちゃって、取り過ぎな感じになっているとか、ここは時々トラブルになったりしますので、安易にこういう任意の民間契約と言ったりしますが、そういうのに頼らないということも重要だというふうに思っています。

最後に一つ、**高齢者が株式を運用する**というのが、もうちょっとあってもいいんじゃないかなというふうに思います、完全に私見ですが。もちろんここは非常に慎重にお話をする必要があります。典型的な例として、高齢者のドライバー問題のような感じで、自分ではちゃんとやってるつもりでもやれていないということがあって、実はリスク、損する可能性があるのに、それを十分認識しないで、上手なセールストークに乗ってという言い方はよくないかもしれませんけれども、安易に投資をやる、あるいは分不相応の金額の投資をしてしまう。あるいは、この株はうまくいけば何十倍にもなりますよみたいなことで（実際そういうことも中にはあるわけですけれども）、ついそういうのに賭けてしまうというようなことがあります。やっぱり、そこは最大限注意をしないといけないんですけれども、いいこともあって、そういう株式を、例えば二、〇〇〇万円の貯蓄がある人であれば、一〇〇万円の株式投資であれば、うまくいってもいかなくても、それ以上は追加しないというふうに心に固く誓ってやる分には、結構、意味があるんじゃないかというお話なんです。

株式市場は、社会の動きを映す鏡です。SDGsということがよく言われますけれども、SDGsに熱心な企業の株は上がったりします。それから最近、クラウド・ファンディングというのをよくお聞きになると思いますが、地方、ふるさと創生のために、事業を担っている人がいろんな所からお金を集める、それを手助けする、それってやっぱりちょっと楽しみですよね。その地域を応援する。ふるさと納税に近い感覚と言えばいいのかな。一〇〇万円、今、一株からでも取り扱ってくれる証券会社もありますし、一銘柄一〇万円もあれば、十分できます。

しかし、ここはしつこく言いますが、ちゃんとした、いわゆる一流株で配当もできていて、売りたいときにいつでも売れるといった取引がちゃんと行われているような、そういう銘柄に特化すべきだというふうに思います。高齢者は、ですね。もう少し若いときであれば長期分散ということで、多少のリスクも取れる、あるいは取るべきなんですが、**七〇歳、この期に及んで大きな**

リスクを取る必要はない。うまくもうけようというんじゃなくて、社会とのつながりを維持するという観点からやるのは、悪い話ではないんじゃないかなと私は思っています。

最後に、最近、証券業界、証券会社では、ガイドラインを作っていて、七五歳以上の高齢者に商品、金融資産、例えば株式を売る場合には、担当者だけではなくて役席が出てきて意思確認するとか、そういうことになっていますので、ある意味、安心してよいということと同時に、やっぱり世の中から心配されているということでもあるということは、よく認識する必要があります。

ともかく今日はありがとうございました。

終わりに
――高齢者学という学び

武蔵野大学法学部特任教授
東京大学名誉教授
樋口範雄

「古稀式」の集いという試み

本書が生まれたきっかけは、武蔵野大学で行った二〇二一年の高齢者法シンポジウムで、尾川宏豪さん（一般社団法人全国生活支援機構理事、当時は社会人入学で修士課程在学中）が、「老後生活安心プラン」と題する報告を行い、その中で、自治体の中に「還暦式」を行っている例があると話したことでした。当時はコロナ禍にありオンラインで行われたのですが、それに参加してくれた弁護士さんと信託銀行の方の中から、そのようなことをやってみたらどうか、という声があがりました。それがきっかけで、武蔵野大学では、二〇二二年春に高齢者学シンポジウムを、九月には、東京都下の四つの市の後援を得て、対面で、「古稀式」の集いを行いました。古稀を祝うだけではなく、超高齢社会のわが国において「高齢者が学ぶ・高齢期を学ぶ」第一歩にする集いにしようというものです。

高齢者にとっては、大学キャンパスで二〇歳くらいの学生たちと一緒に学ぶ機会はそうないでしょう。学ぶのに遅いことはありません。九〇歳の樋口恵子さんが、八七歳の若宮正子さんが元気に語る姿を見るだけで、こちらも元気がもらえます。幸い、当日は天候にも恵まれ、集まっていただいた方々には好評をいただき、これを本のかたちにして、高齢者学入門のようなものにしようと考えました。同時に、武蔵野大学では、一回限りのものではなく、今後も継続的にこのような機会を提供しようと今計画しています。これはお節介な話ですが、それぞれの大学が地域の自治体と一緒になって同様の試みをしてもよいのではないかと思います。

高齢者学とは

高齢者学といっても、敷居の高い難しいものではありません。高齢者が毎日生きていることそのものが高齢者学の実践です。その特色は、少なくとも次の三つです。

第一に、ここで紹介した第二部の分科会（実は紙数の関係で全ては紹介しきれませんでした）の多様さからもわかるように、高齢者学は、高齢者の生活全てに関係するので、必然的に学際的なものになります。当初は、老化を研究する生理学や医学の部分が大きかったかもしれませんが、今では、理学・工学・社会学・経済学・法学など、ほとんどあらゆる学問分野が一緒になって追求していく学問分野です。本書でその一端が紹介された分野だけでなく、もっともっと学びの世界が広いということです。

第二に、その目的は、秋山さんのお話にあるように、一〇〇歳時代と言われる中での「高齢期をよりよく生きるためにどうするか」を考えることです。そのためには、人生五〇年とか六〇年を想定した教育や制度は不適切となり、樋口恵子さんが強調するように、新たな学び（二度目の義務教育）が必要です。

第三に、高齢者学は、実は高齢者だけのものではないということです。私自身は、六〇歳を過ぎてから、その一翼である高齢者法を教える（実は、西さんが言われるように教えながら学んでいる）ことになりましたが、その中で実感することは、高齢者のさまざまな課題は、わが国の社会全体の問題でもあるということです。それどころか、高齢化は世界の趨勢なので、程度こそ違っても、他の国々にも深く関係する分野だと思います。高齢化で世界の先頭にいるわが国においてどのような対処がなされるかは、大げさに言えば、世界に対する責任です。

結び

高齢者学の中心は高齢者自身です。「古稀式」の集いのように、一緒に楽しんで学ぶのが何よりも大事ですが（どんな学問だって、本来は、学ぶ楽しみが基にあるはずです）、私自身が、本書でのお話から学んだこと、感じたことを、最後にまとめてみましょう。もちろんそれも人それぞれでいいのですが。ここでも三点、ごく簡単に。

一つは、危機感や社会の現状認識に関わることです。辻さんが強調したように、わが国の高齢化とそれに伴う認知症患者の増加は、未曾有の事態です。私を含めて、本当はもっと危機意識があってもいいかもしれません。それに関連して、ageism（年齢差別主義あるいは年齢束縛主義とでも訳せるか）も問題です。「いい年をして……」という言葉に代表されるように、単に年齢だけで決めつける思考は世の中に蔓延しており、それを不思議に思わない感覚が、実際の社会や高齢者の変容とずれてしまっていることです。高齢者も実にさまざまという現実とも折り合えない古くさい感覚です。

アメリカの家族法では、連邦最高裁の判決中に、「ステレオタイプ」な考え方を批判する言及が繰り返しなされてきました。ステレオタイプではなく「多様性」こそ現代の価値だというのです。その点で、わが国は、むしろ「ステレオタイプ」な反応や対応が安定・安心・安全と結びついて重視されているような気がします。意識の変容や改革はとても難しいことのようですが、他方で、高齢社会にふさわしいとして、葬式の宣伝広告の増加にもあっという間に慣れたように、案外に容易ということもあり得ます。

ただし、ageism は相当の難敵だと私自身は感じています。この前、イスラエルの高齢者法研究者の話をズームで聴く機会があり、その際、彼はイスラエルがいまだに定年制を当然としているのを慨嘆していました。明らかな年齢差別だというのです。しかし、それはまさに日本もそうであり、アメリカでは一九六七年という今から五〇年以上も前から定年制が法律で禁止されていると知れば、多くの人はただ驚くだけでしょう。それが差別だとは考えもしてこなかったからです。

第二点は、私の読み始めている論文の冒頭に掲げられていた言葉です（「一〇〇歳時代の（アメリカ）家族法」と題する論文で、二〇二三年の Yale Law Journal に掲載予定です）。

この論文は、「（アメリカの）家族法は若い人たちのための法である」という再認識から始まります。アメリカの家族法の中心課題は、未成年の子を親がきちんと育てる仕組み（子どもの養育や離婚の際の監護権、さらに養育費の支払い）と婚姻を中心とする配偶者間の問題（離婚に伴う問題）であり、いずれも二〇代から三〇代、せいぜい四〇代の人たちを想定してきました。高齢者から見れば「若い人たち」です。

そしてこの論文は、このような年齢に関する「近視眼的な」態度が、基本的に高齢者を無視してきたと続くのです。高齢期においても家族は重要な意義をもちます。それなのにアメリカの法システムは、高齢者にとって必要な家族の形や、高齢者のケアという需要に対する支援を考えてこなかったのです。ところが「今や、アメリカでも寿命が延びて、今日五歳の子どもたちの少なくとも半数が一〇〇歳以上まで生きる」とされる時代です。そこで論文の著者たちは強調します。

これからは「未成年の子どもと婚姻を中心とする家族法から、高齢者を視野に入れた家族法へ」転換させる必要があると。

この論文を読んで感じたのは、ではわが国の家族法はいったい誰のためのものだったのだろうかということです。家族法でなくとも、さらにいえば法律の分野でなくとも、高齢化率ではるかに日本の遅れをとるアメリカでの論文が示すような、高齢社会の現実に即した認識の転換が必要な場面があるのではないかと。そこにこそ高齢者学の必要性があるのではないかと。

それに関連して思うのは、現在たびたび取り上げられる「自己決定の尊重や支援」です。仏教の林住期でいえば「自分らしく自由に、人間らしく生きる」ことをいかに実現するかです。「自分らしく」というためには、自分を知らなければならないし、それを表現できなければなりません。自分自身の至らなさを告白するようですが、かつてアメリカで暮らしたときに痛感したのは、彼らが（もちろん全てではありませんが）何についても一応自分の意見や考えを言う、あるいは言えることでした。そして、それは立派な意見でなくともいいのです。

それに対し、私自身は、まるで日本人を代表してアメリカに来ているかのように、in Japan（日本では）というような言い方をすること、日本ではどう考えるかを説明しようとすることが特に初めは多かったのです。そして、（英語が十分話せないからではなく）実は日本のことも分かっていないからうまく話せないのだということも痛感しましたが、それよりも、それぞれの問題に自分の意見がないことも再認識しました。そして、相手はまさに日本の一般論などに興味はなく、今眼前にいる私がどのような人間でどういう考えをもつかに関心があるのだということも。

どんなに稚拙なものでも、それが私の考えだということが大事なのです。そして、そのような自己表現、それ以前に自分なりの考えをもち、それを自分の言葉で表明することについて、アメリカでは小学生の頃から訓練を積んでいると実感しました。高齢者になってからでも遅すぎることはないと思いたいものです。

ともかく自己決定をする訓練は、あえて例示すれば、おそらくレストランでその日のランチ定食を頼むのをやめて、アラカルトで一つずつ選択するところから始める必要があります。ナーシング・ホームに入居する利用者が、アドバンス・ケア・プランニングをしたうえで入居する場合、朝食には何を食べたいか、コーヒーは何杯飲みたいか、普段の服装は決められた服ではいやかなど事細かに決めて、自分の人生（生活）を生きるようにしようと教えるアメリカの本を読んだことがあります。

高齢者にとってだけではありませんが、自己決定とその支援は難しい課題です。しかし、それこそが高齢者学の中心にあります。

最後の三点目は、秋山さんに学びたいということです。ジェロントロジーの先駆者の一人でもある秋山さんは、アメリカの大学で長く教えて、二五年くらい前に東大に戻ってきました。アメリカの生活が長かったせいだけではないと思いますが、高齢者学（ジェロントロジー）の考え方も実に前向きです。長寿はまさに寿ぐべきことであり、それを心から喜べるようにするにはどうしたらよいかを考えようというのです。大学で長く教えてきたといっても、高齢社会では、第二の人生が待ち構えています。それに対し、これまでと違ったことに挑戦することができるというのです。秋山さんの場合は、それが農業者であるそうで、お住いの近くに畑を借りて、同じような考えの人たちと共同で相当の土地を耕作しているといいます。

Successful agingを一人一人にとっていかに実現するか、それこそが高齢者学の目標であり、それが実践に結びつくことが何より重要だと深く感じいった次第です。

【編著者】
樋口恵子　評論家
秋山弘子　東京大学高齢社会総合研究機構客員教授
樋口範雄　武蔵野大学法学部特任教授

しあわせの高齢者学――「古稀式」という試み

2023（令和５）年３月15日　初版１刷発行

編著者　樋口恵子・秋山弘子・樋口範雄
発行者　鯉 渕 友 南
発行所　株式会社 弘 文 堂　101-0062 東京都千代田区神田駿河台１の７
TEL03(3294)4801　振替00120-6-53909
https://www.koubundou.co.jp

装　幀　大森裕二
印　刷　大盛印刷
製　本　井上製本所

ISBN978-4-335-55211-3